準中級中国語

講読編

～自分のことばで表現する中国語～

準中級編

奥村佳代子・塩山正純・張軼欧

KINSEIDO

はじめに

　このテキストはわたしたち三人が一昨年に執筆した初級テキスト『初級中国語　会話編　自分のことばで話す中国語』『初級中国語　講読編　自分のことばで表現する中国語』の続編にあたり、『自分のことばで話す・表現する中国語』シリーズ準中級編のテキストです。

　わたしたち三人が執筆に参加した『中国語への道—近きより遠きへ—』の初版が2006年に出版されてから10年経つ頃には、とくに大学の語学教育をとりまく環境が変化し、従来型のテキストでは授業がしにくくなるところも増えて来ていました。そこで『中国語への道』のコンセプトである会話も講読もやる、という考えを分冊という形で活かして冒頭の二冊のテキストを作りました。

　話は12年前の『中国語への道』のスタートに遡ります。近代の外国人による外国人のための中国語教科書の最高峰といわれるイギリス人トーマス・フランシス・ウェードの『語言自邇集』がありますが、その姿勢にだけでも一歩でも近づきたいという気持ちから、儒教の経書『中庸』の一節「君子の道は、たとえば遠きに行くは必ず邇（ちか）き自（よ）りするが如く、たとえば高きに登るは必ず卑（ひく）き自（よ）りするが如し。」に由来して、『中国語への道』に「—近きより遠きへ—」という副題をつけました。本作はタイトルこそ変わっていますが、テキストのコンセプトは一貫しています。

　また、一般にはあまり知られていませんが、第二次世界大戦前の上海には東亜同文書院大学という、中国をフィールドに活躍できる人材の輩出を目的とした「日本の」大学があって、中国語の教材として『華語萃編』という分厚いテキストが使われていていました。現在の大学生と変わらない年齢の日本人学生が実際にそういったテキストを使って勉強した歴史があるということも、これから中国語を学習する皆さんには知っておいて欲しいと思います。『華語萃編』は初集から二集、三集へとステップアップしていくスタイルでしたが本作も『自分のことばで話す・表現する中国語』シリーズの二集に位置づけられるように、一歩進んだ準中級のレベルと内容を意識しています。

　テキストの構成については、前作『中国語への道』は、『語言自邇集』や『華語萃編』には遠く及ばないものの、全16課の各課に会話文、第4課からは閲読の短文も加えるという現在にしては欲張りな構成でした。本シリーズでも、質と量が将来的な評価にも耐えうるテキストを、という基本的な考えは変えないものの、昨今の授業形態でも活用できるコンパクトさを目指して二冊の分冊スタイルを初級編から採用し、準中級編もこれを踏襲しています。そして準中級編では、会話編、講読編ともにテキスト本文の話題は学習者が興味を保てるような身近なトピックで統一し、同一の文法ポイントを取り上げ、会話体、文章体の中国語の中でどのように使われていくかを実践的に学ぶようにしています。

　著者のわたしたちが中国語を学んだ約30年前と現在とでは、日本での「中国語」あるいは「中国語学習」を取り巻く環境も随分と変化しました。当時はまだ日本にいる中国のひとは珍しく、学習者の中国語学習の動機も「中国を知りたい」に直結していました。それが現在では国内の至る所に中国語を話すひとが普通にいて、その気になりさえすれば、国内でも中国語で交流できる機会のあることが当たり前になりました。中国国内では日本を知るための雑誌『知日』や『在日本』が人気を博しているという現象に象徴されるように、日本を自分の視点で知りたい、もっと日本を体験したいというひとが飛躍的に増えて、多くのひとが日本を訪れるようになっています。日本に居ながらにして、目の前にいる中国のひとと中国語で話したいと思うようになるのも自然なことではないでしょうか。中国語をやるのなら先ず中国のことを理解すべきという考えかたもあるでしょうが、国内で中国語によるコミュニケーションの機会があるならば、先ずはそこからスタートして、そのさきの「中国を知りたい」につなげ、さらには中国にも出かけていって、メディアを通さず自分自身の目で見て中国を理解し、それを糧に将来の活躍につなげていくのも一つの学習のあり方ではないかと思います。

　そういった学びを続けていくためには、自分の考えを中国語で表現する発信と、中国人が中国語で考えたり話したりすることを理解する受信の両方の力が必須です。従来の学習が受信型だとすれば、現在は発信型が流行りですが、いずれも一方だけでは一長一短があると思います。どちらか一方ではなく、中国語で書かれたり、話されたりしたことを理解できる能力と、自分の考えたことを中国語で発信でき

る能力という両方の力を同時に身につけていくことが必要なはずで、学習者にもそういうスタンスで勉強して欲しいという思いは、本シリーズの初級編、準中級編で一貫しています。

　準中級編は会話編、講読編ともに全12課で、各課は同一の話題で、会話或いは講読のテキスト本文、文法ポイント、練習問題という構成です。このテキストの特徴は、全12課に、その課の学習を通して「なにを表現できるようになるか」という目標を設定し、本文とポイントの学習事項を検定試験の問題スタイルで解答する練習問題を配置していることです。また各課では「これも大事！」と題して、各課の話題や中国語学習の一助になるようなポイントをコンパクトに紹介していますので、学習者さんの皆さんにはこれを糸口に、いろいろ中国語の表現を調べて、さらに表現の幅をひろげて欲しいと思います。

　巻末には、さらに一歩すすんで学習したい学習者向けに、各課の話題に関連した語句の補充、実際のコミュニケーションの場面を想定した会話練習、インタビューに基づく他己紹介や自己紹介のユニットをそなえた実践的なドリルも配置しています。練習問題や巻末ドリルは本文やポイントと同時進行でも、復習での活用でも、一部分でも、各自、各クラスの学習スタイル・進度に合わせて活用できるレイアウトになっています。また同一クラスで週に複数回の授業があるなど、運営上で可能ならば、一方で会話編、もう一方で講読編というような併用でより効果的な学習も期待できます。あるいは最初に会話編で次に講読編、またはその逆もありかも知れません。

　本シリーズのサブタイトルである「自分のことばで」には、将来中国語を話したり使ったりできる日本人が少しでも増えてほしいという願いを込めています。どの言語であれ、自分の気持ちや考えのないことばはひとに届かないでしょう。ひとに届くことばを発するためには、自分のなかにことばがなくてはなりません。「自分のことばで」話し、表現するためにも、まずはできるだけたくさんのインプットとアウトプットの繰り返しで「ことば…中国語」を蓄えて下さい。

　このテキストを授業で使用下さる先生がたには内容について忌憚の無いご批判をお願いすると同時に、学習者の皆さんには、このテキストを通して中級を目指す中国語の力をしっかりと身につけてもらえることと期待しています。

2018年9月　著者

　本テキストには、単語表の語に品詞を付記しています。文法の理解に役立てていただければ幸いです。『現代漢語詞典第7版』を基準に、日本で現在用いられている中国語辞書の記述も参考にしています。

【本テキストの品詞名表示法】

名	名詞	助動	助動詞	量	量詞	動	動詞	助	助詞
感	感嘆詞	形	形容詞	介	介詞	数	数詞	副	副詞
接	接続詞	接辞	接頭辞・接尾辞	代	代名詞（人称・指示・疑問）				

🎧 音声ファイル無料ダウンロード

http://www.kinsei-do.co.jp/download/0712

この教科書で 🎧 DL 00 の表示がある箇所の音声は、上記URLまたはQRコードにて無料でダウンロードできます。自習用音声としてご活用ください。

- ▶ PCからのダウンロードをお勧めします。スマートフォンなどでダウンロードされる場合は、**ダウンロード前に「解凍アプリ」をインストール**してください。
- ▶ URLは、**検索ボックスではなくアドレスバー（URL表示覧）**に入力してください。
- ▶ お使いのネットワーク環境によっては、ダウンロードできない場合があります。

◎ CD 00　左記の表示がある箇所の音声は、**教室用CD**に収録されています。

目次

第1課 自我介绍 ── 06
1. 動詞の"上" ── 08
2. "对～感兴趣"
3. 複合方向補語"走出国门去"
4. 存在文　場所＋"有"＋存在する人・物

第2課 找工作 ── 10
1. 進行表現　"（正）在"＋動詞＋（"呢"） ── 12
2. 結果補語　動詞＋"到"
3. 禁止表現　"别"＋動詞
4. "把"構文

第3課 我的新工作 ── 14
1. 方位詞"～上" ── 16
2. "不但～而且…"で表される複文
3. "受欢迎"
4. 仮定"～的话，就…"

第4課 我们学校的图书馆 ── 18
1. "听说""听～说" ── 20
2. "好好儿～"
3. "不论～都…"
4. "请"

第5課 准备期末考试 ── 22
1. "一点儿也／都～" ── 24
2. "一～就…"
3. 受身　"被"（＋動作主）＋動詞
4. "是不是"

第6課 考试后的放松 ── 26
1. "连～也／都…" ── 28
2. "只要～就…"
3. 樣態補語
4. 疑問詞＋"吗"　疑問詞の不定詞用法

第7課	暑假生活 ——— 30	1 使役"让" ——— 32
		2 動詞+"得"+"怎么样"
		3 "像～一样"
		4 離合詞 "上完驾驶课"

第8課	一天实习 ——— 34	1 "会～的" ——— 36
		2 "除了～以外"
		3 "向～学习"
		4 "很"+"会"

第9課	做PPT报告 ——— 38	1 結果補語 動詞+"成" ——— 40
		2 "有点儿"と"一点儿"
		3 "最好"
		4 動量詞"遍"

第10課	过圣诞节 ——— 42	1 "是～的"構文 ——— 44
		2 "先～，然后(再)…"
		3 結果補語 動詞+"好"
		4 "～起来" 方向補語の派生義

第11課	春节习俗 ——— 46	1 "不是～吗？" ——— 48
		2 "比～多了"
		3 "～极了"
		4 "什么的"

第12課	将来的工作 ——— 50	1 "找"「さがす」以外の意味 ——— 52
		2 可能補語
		3 "～下来"の派生義 静止・固定・残存
		4 "不好～"

索引 ——— 54
ドリル ——— 59

第一课 自我介绍

1. 名前や所属、日常、ルーティンについて伝えることができる。
2. 趣味や興味のあることを表現することができる。

この課の語句 DL 01 / CD 01

#	中国語	ピンイン		日本語
1	自我介绍	zìwǒ jièshào		自己紹介
2	上	shàng	動	(学校や職場に)通う
3	专业	zhuānyè	名	(大学での)専攻・専門
4	漂亮	piàoliang	形	きれいである、美しい
5	交朋友	jiāo péngyou	動	友達になる、友達付き合いする
6	经常	jīngcháng	副	いつも、しょっちゅう
7	聊天儿	liáotiānr	動	おしゃべりをする、世間話をする
8	对~感兴趣	duì~gǎn xìngqù		~に興味を感じる
9	国门	guómén	名	国境
10	开阔	kāikuò	動	広くする、広げる
11	视野	shìyě	名	視界、視野
12	感受	gǎnshòu	動	感じる、経験する
13	魅力	mèilì	名	魅力
14	摄影	shèyǐng	動	撮影、写真を撮ること
15	拿	ná	動	取る、持つ、手に取る
16	上课铃	shàngkèlíng	名	始業ベル
17	响	xiǎng	動	鳴る
18	急忙	jímáng	形	慌ただしい、せわしい

DL 02
CD 02

物語の主人公岩田圭さんは大学三年生で法律を勉強しています。では、岩田さんに自己紹介してもらいましょう。

我 叫 岩田 圭，现在 上 大学 三 年级。我
Wǒ jiào Yántián Guī, xiànzài shàng dàxué sān niánjí. Wǒ

的 专业 是 法学，这个 专业 很 有意思。
de zhuānyè shì fǎxué, zhège zhuānyè hěn yǒu yìsi.

我 家 离 学校 不太 远，我 每 天 骑 自行车
Wǒ jiā lí xuéxiào bútài yuǎn, wǒ měi tiān qí zìxíngchē

去 学校。从 我 家 到 学校 要 半 个 小时。
qù xuéxiào. Cóng wǒ jiā dào xuéxiào yào bàn ge xiǎoshí.

我们 学校 很 大，很 漂亮，留学生 也 很 多。
Wǒmen xuéxiào hěn dà, hěn piàoliang, liúxuéshēng yě hěn duō.

我 很 喜欢 交 朋友。我们 学校 附近 有 一 个
Wǒ hěn xǐhuan jiāo péngyou. Wǒmen xuéxiào fùjìn yǒu yí ge

漫画 咖啡店，我 经常 和 朋友 在 那里 聊天儿。
mànhuà kāfēidiàn, wǒ jīngcháng hé péngyou zài nàli liáotiānr.

我 喜欢 旅游，对 不 同 民族 的 文化 非常
Wǒ xǐhuan lǚyóu, duì bù tóng mínzú de wénhuà fēicháng

感 兴趣。我 经常 去 旅游，走出 国门 去 看
gǎn xìngqù. Wǒ jīngcháng qù lǚyóu, zǒuchū guómén qù kàn

世界 开阔了 我 的 视野。同时，我 也 感受到了
shìjiè kāikuòle wǒ de shìyě. Tóngshí, wǒ yě gǎnshòudàole

不 同 民族 文化 的 魅力。你们 的 专业 是
bù tóng mínzú wénhuà de mèilì. Nǐmen de zhuānyè shì

什么？你们 对 什么 感 兴趣？
shénme? Nǐmen duì shénme gǎn xìngqù?

1　動詞の"上"

(1) 她 已经 上 车 了。
　　Tā yǐjīng shàng chē le.

(2) 我 上 小学 的 时候 和 他 是 同学。
　　Wǒ shàng xiǎoxué de shíhou hé tā shì tóngxué.

2　"对～感兴趣"

(1) 我 对 摄影 很 感 兴趣。
　　Wǒ duì shèyǐng hěn gǎn xìngqù.

(2) 哥哥 很 喜欢 历史，我 对 历史 不 感 兴趣。
　　Gēge hěn xǐhuan lìshǐ, wǒ duì lìshǐ bù gǎn xìngqù.

3　複合方向補語"走出国门去"

	上	下	进	出	回	过	起
来	上来 shànglai	下来 xiàlai	进来 jìnlai	出来 chūlai	回来 huílai	过来 guòlai	起来 qǐlai
去	上去 shàngqu	下去 xiàqu	进去 jìnqu	出去 chūqu	回去 huíqu	过去 guòqu	×

(1) 请 大家 拿出 课本 来。
　　Qǐng dàjiā náchū kèběn lái.

(2) 上课铃 响 了，他 急忙 跑进 教室 去 了。
　　Shàngkèlíng xiǎng le, tā jímáng pǎojìn jiàoshì qù le.

4　存在文　場所＋"有"＋存在する人・物

(1) 博物馆 前面 有 很 多 人。
　　Bówùguǎn qiánmiàn yǒu hěn duō rén.

(2) 这儿 有 很 多 朋友 送 的 礼物。
　　Zhèr yǒu hěn duō péngyou sòng de lǐwù.

> **これも大事！**　"有"の否定は"没（有）"だけ？
>
> 　本文にもある"有意思（おもしろい）"の否定形は，「おもしろくない」の「ない」を"没（有）"で表して"没（有）意思"となります。しかし，中国語はサイン表示や看板にはよく書きことばが顔を出します。例えばトイレなら"有人 yǒu rén（occupied）"に対して"无人 wú rén（vacant）"。"无 wú"は「無」の簡体字で，日本語の「ある」は，中国語では必ず"有 yǒu"ですが，「ない」は，話しことばで"没有 méi yǒu"，書きことばでは"无 wú"です。中国語が文字化した時の書きことば化も，ぜひ気をつけておきたい学習のポイントです。
>
> 　买 mǎi（買う）：网购 wǎnggòu（ネットショッピング）
> 　卖 mài（売る）：售票处 shòupiàochù（チケット売り場）
> 　等 děng（待つ）：候机室 hòujīshì（空港の待合室）、候车室 hòuchēshì（列車の待合室）
> 　走 zǒu（歩く）：行人请靠右侧行走 xíngrén qǐng kào yòucè xíngzǒu（通行人は右側をお歩き下さい）

Lesson 練習問題

1 中国語の音声を聞いて，ピンインと簡体字で書き取り，日本語に訳しましょう。

DL 04
CD 04

　　　　　ピンイン　　　　　　　中国語　　　　　　　日本語

(1) _____　_____　_____

(2) _____　_____　_____

(3) _____　_____　_____

2 次の空欄を埋めるのに最も適当なものを，①～④の中から1つ選び、全文を日本語に訳しましょう。

(1) 我（　　）岩田圭。　　　　　①的　②姓　③叫　④有

日本語 _____

(2) 银行（　　）学校很近。　　　①离　②对　③在　④是

日本語 _____

(3) 妹妹不想（　　）大学。　　　①学　②是　③要　④上

日本語 _____

3 日本語をヒントに，①～④の語句を並べ替えて中国語の文を完成させましょう。

(1) 図書館の前にひとがたくさん居ます。

_____ _____ _____ _____。　①前面　②很多人　③有　④图书馆

(2) 皆さん，教科書を出して下さい。

请大家 _____ _____ _____ _____。　①出　②课本　③拿　④来

(3) 彼は電車で通学しています。

他 _____ _____ _____ _____。　①去　②坐　③学校　④电车

4 次の日本語を中国語に訳して簡体字で書きましょう。

(1) 私は旅行に非常に興味があります。　→ _____

(2) あなたの専攻は何ですか。　　　　　→ _____

(3) 彼は走って教室から出て行きました。→ _____

5 中国語の音声を聞いて，問いに対する答えを書きましょう。

DL 05
CD 05

(1)【問】岩田圭的专业是什么？

【答】_____

(2)【問】岩田圭经常去哪儿旅游？

【答】_____

第二课 找工作

1. 予定や心づもりを詳細に説明することができる。
2. 結果補語を使って動作・行為の結果を表現することができる。

この課の語句 DL 06 / CD 06

#	中国語	ピンイン		日本語
1	找	zhǎo	動	さがす ♥ 第12課
2	黄金周	huángjīnzhōu	名	ゴールデンウィーク
3	快〜了	kuài~le		もうすぐ〜である、もうすぐ〜しそうだ
4	换	huàn	動	交換する、替える
5	家	jiā	量	店や会社などを数える量詞
6	小组长	xiǎozǔzhǎng	名	グループリーダー
7	工资	gōngzī	名	給料
8	特别	tèbié	副	ことのほか、特に
9	累	lèi	形	疲れている
10	轻松	qīngsōng	形	気軽である、リラックスしている
11	招工	zhāo gōng	動	従業員を募集する
12	网站	wǎngzhàn	名	（インターネットの）サイト
13	蛋糕	dàngāo	名	ケーキ
14	招人	zhāo rén		人を募る、人を募集する
15	帮	bāng	動	手伝う、助ける、手助けする
16	号码	hàomǎ	名	番号
17	刷牙	shuā yá		歯を磨く
18	月票	yuèpiào	名	定期券
19	一直	yìzhí	副	ずっと、まっすぐ、絶え間なく
20	哭	kū	動	泣く
21	搬	bān	動	運ぶ

ゴールデンウィーク中，大学は休みになります。岩田さんは，その機会を利用して何をしようと考えているのでしょうか。

黄金周 快 到 了，我 打算 在 黄金周 期间
Huángjīnzhōu kuài dào le, wǒ dǎsuan zài huángjīnzhōu qījiān

换 一 个 新 工作。我 现在 在 一 家 饭店 打工，
huàn yí ge xīn gōngzuò. Wǒ xiànzài zài yì jiā fàndiàn dǎ gōng,

是 小组长。当 小组长 工资 很 高，但是 责任
shì xiǎozǔzhǎng. Dāng xiǎozǔzhǎng gōngzī hěn gāo, dànshì zérèn

太 大，特别 累，我 想 早 点儿 找到 一 个
tài dà, tèbié lèi, wǒ xiǎng zǎo diǎnr zhǎodào yí ge

轻松 的 工作。
qīngsōng de gōngzuò.

今天 我 看 招工 网站 的 时候，李 美玲 给
Jīntiān wǒ kàn zhāo gōng wǎngzhàn de shíhou, Lǐ Měilíng gěi

我 打来了 电话。她 说："你 别 看 网站 了，我
wǒ dǎláile diànhuà. Tā shuō: "Nǐ bié kàn wǎngzhàn le, wǒ

朋友 家 的 蛋糕店 在 招人，我 可以 帮 你。"
péngyou jiā de dàngāodiàn zài zhāo rén, wǒ kěyǐ bāng nǐ."

我 喜欢 吃 蛋糕，也 很 喜欢 做，所以 很 想
Wǒ xǐhuan chī dàngāo, yě hěn xǐhuan zuò, suǒyǐ hěn xiǎng

去 那 家 店 打工。她 把 蛋糕店 的 电话 号码
qù nà jiā diàn dǎ gōng. Tā bǎ dàngāodiàn de diànhuà hàomǎ

告诉了 我，我 明天 就 打 电话。
gàosule wǒ, wǒ míngtiān jiù dǎ diànhuà.

你们 打工 吗？在 哪里 打工？
Nǐmen dǎ gōng ma? Zài nǎli dǎ gōng?

第二课

POINT ポイント

1　進行表現　"（正）在"＋動詞＋（"呢"）

(1) A：她（正）在 干 什么 呢？　B：她 在 刷 牙 呢。
　　　 Tā (zhèng) zài gàn shénme ne?　　Tā zài shuā yá ne.

(2) 张 老师 没 在 上 课，在 看 书 呢。
　　Zhāng lǎoshī méi zài shàng kè, zài kàn shū ne.

2　結果補語　動詞＋"〜到"

(1) 你 的 月票 找到 了 吗？
　　Nǐ de yuèpiào zhǎodào le ma?

(2) 你 一直 想 要 的 那 本 书，买到 了 吗？
　　Nǐ yìzhí xiǎng yào de nà běn shū, mǎidào le ma?

3　禁止表現　"别"＋動詞

(1) 别 哭。
　　Bié kū.

(2) 吃 饭 的 时候 别 说 话。
　　Chī fàn de shíhou bié shuō huà.

4　"把"構文　"把"＋目的語〜

(1) 你 把 这个 桌子 搬到 那边 去。
　　Nǐ bǎ zhège zhuōzi bāndào nàbiān qù.

(2) 我 没 把 你 的 电话 号码 告诉 他。
　　Wǒ méi bǎ nǐ de diànhuà hàomǎ gàosu tā.

> **これも大事！**　例えば「快」と"快"　漢字の意味の幅と重点を考える

本文に"快到了"という表現がありますが，日本語の「快」は「心地よい。気持ちがよい」の意味，中国語の"快"は「速い。まもなく」などスピーディーな意味がトップに来ます。「快」と"快"は，ともに両方の意味を持っていますが最重要の意味が異なります。また，同じ漢字でも，日本語と中国語で意味が微妙に一致していない場合があります。例えば，「水」と"水 shuǐ"を見てみると，日本語では「水」の温度が上がれば「湯」になりますが，中国語は温度に関係なく"水"で，"汤 tāng"が「スープ」なのは有名な話です。また，"你喝点儿水吧！"で勧められるのは元来お湯か白湯が一般的です。同じ漢字でも，その意味の重点や幅のちょっとした違いからも面白い発見がありそうです。

水（温度に関係なく「水」）　　热水（お湯）　　　　　　开水（沸かした「お湯」）
shuǐ　　　　　　　　　　　　rèshuǐ　　　　　　　　　kāishuǐ

白开水（白湯）　　　　　　　凉水（生水や冷水）　　　温水（体温程度の「温水」）
báikāishuǐ　　　　　　　　　liángshuǐ　　　　　　　　wēnshuǐ

冰水（冷蔵庫で冷やした「お冷や」など）
bīngshuǐ

Lesson 練習問題

1 中国語の音声を聞いて、ピンインと簡体字で書き取り、日本語に訳しましょう。

	ピンイン	中国語	日本語
(1)	_____	_____	_____
(2)	_____	_____	_____
(3)	_____	_____	_____

2 次の空欄を埋めるのに最も適当なものを，①〜④の中から１つ選び、全文を日本語に訳しましょう。

(1) 黄金周（　）到了。　　　①再　②快　③不　④别

日本語 _____

(2) 我想去那（　）饭店打工。　①件　②家　③台　④只

日本語 _____

(3) 你在（　）打工？　　　　①怎么　②哪个　③什么　④哪里

日本語 _____

3 日本語をヒントに，①〜④の語句を並べ替えて中国語の文を完成させましょう。

(1) 本を見るのはよしなさい。

＿＿＿ ＿＿＿ ＿＿＿ ＿＿＿。　　①看　②你　③别　④书

(2) 岩田さんは何をしていますか。

岩田 ＿＿＿ ＿＿＿ ＿＿＿ ＿＿＿？　①什么　②正在　③呢　④干

(3) 仕事は見つかりましたか。

你 ＿＿＿ ＿＿＿ ＿＿＿ ＿＿＿ 吗？　①找　②工作　③了　④到

4 次の日本語を中国語に訳して簡体字で書きましょう。

(1) 私はあるレストランでアルバイトをしています。→ _____

(2) 私は気軽な仕事を見つけたい。→ _____

(3) その机をこっちに運んできてください。→ _____

5 中国語の音声を聞いて、問いに対する答えを書きましょう。

(1) 【問】岩田圭打算什么时候换工作？

【答】_____

(2) 【問】岩田圭现在在哪里打工？

【答】_____

第三课 我的新工作

1. 仕事やアルバイト、職場の様子などを詳細に紹介することができる。
2. 複文（"不但～而且…"）で複数の特徴を伝えることができる。

この課の語句

	中国語	ピンイン		日本語
1	托～福	tuō~fú	動	～のおかげで、おかげを被る
2	比较	bǐjiào	副	わりと、比較的
3	美食	měishí	名	美食、グルメ
4	草莓	cǎoméi	名	苺
5	慕斯	mùsī	名	ムース
6	特色	tèsè	名	（人・物に備わっている）特色
7	种	zhǒng	量	種、種類
8	最	zuì	副	最も、一番、この上なく
9	受欢迎	shòu huānyíng		人気がある、歓迎される
10	卖	mài	動	売る
11	光	guāng	形	（補語に用いて）～し尽くす、～してすっかり無くなる
12	虽然～但…	suīrán~dàn…		（接続詞で譲歩を表して）～だけれども
13	种类	zhǒnglèi	名	種類
14	单调	dāndiào	形	単調である、つまらない
15	～的话	~dehuà	助	～ならば、～したら
16	就	jiù	副	（前の仮定"～的话"を受けて）すぐに
17	根据	gēnjù	介	～に基づいて、～によって
18	喜好	xǐhào	名	好み
19	亲手	qīnshǒu	副	自分で、自ら、自分の手で
20	为	wèi	介	～のために
21	墙	qiáng	名	壁、塀
22	幅	fú	量	（書画、地図などを数える量詞で）枚、幅
23	刊登	kāndēng	動	掲載する
24	学问	xuéwèn	名	学問、学識
25	架子	jiàzi	名	えらそうな態度、もったいぶったところ
26	网购	wǎnggòu	名	インターネット通販
			動	ネットで買物をする
27	婚介	hūnjiè	名	結婚紹介
28	大龄青年	dàlíng qīngnián		三十歳前後の未婚者のこと
29	周游	zhōuyóu	動	周遊する、ぐるっと見て回る

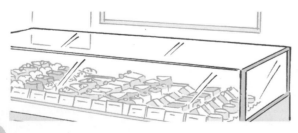

岩田さんは，雑誌にも掲載されるような人気のケーキ屋さんでアルバイトを始めました。

托 朋友 的 福，我 最近 找到了 一 个 蛋糕店 的 工作。这 家 蛋糕店 比较 有名，美食杂志上 经常 介绍 这里 的 蛋糕。草莓 慕斯 蛋糕 是 这里 的 特色 蛋糕。这 种 蛋糕 不但 很 漂亮，而且 也 很 好吃，是 这 家 店 最 受 欢迎 的 蛋糕，每 天 来晚了 就 卖光 了。我 对 做 蛋糕 很 感 兴趣，一直 很 想 学 做 蛋糕。我 觉得 店里 卖 的 蛋糕 虽然 很 好吃，但 种类 太 少，太 单调。我 会 做 蛋糕 的话，朋友们 过 生日 的 时候，我 就 可以 根据 朋友 的 喜好 亲手 为 他们 做 蛋糕 了。你们 喜欢 吃 蛋糕 吗？喜欢 吃 什么 蛋糕？

Tuō péngyou de fú, wǒ zuìjìn zhǎodàole yí ge dàngāodiàn de gōngzuò. Zhè jiā dàngāodiàn bǐjiào yǒumíng, měishí zázhìshang jīngcháng jièshào zhèli de dàngāo. Cǎoméi mùsī dàngāo shì zhèli de tèsè dàngāo. Zhè zhǒng dàngāo búdàn hěn piàoliang, érqiě yě hěn hǎochī, shì zhè jiā diàn zuì shòu huānyíng de dàngāo, měi tiān láiwǎnle jiù màiguāng le. Wǒ duì zuò dàngāo hěn gǎn xìngqù, yìzhí hěn xiǎng xué zuò dàngāo. Wǒ juéde diànli mài de dàngāo suīrán hěn hǎochī, dàn zhǒnglèi tài shǎo, tài dāndiào. Wǒ huì zuò dàngāo dehuà, péngyoumen guò shēngrì de shíhou, wǒ jiù kěyǐ gēnjù péngyou de xǐhào qīnshǒu wèi tāmen zuò dàngāo le. Nǐmen xǐhuan chī dàngāo ma? Xǐhuan chī shénme dàngāo?

1　方位詞 "〜上"

(1) 墙上 有 一 幅 画。
　　Qiángshang yǒu yì fú huà.

(2) 报纸上 经常 刊登 她 写 的 文章。
　　Bàozhǐshang jīngcháng kāndēng tā xiě de wénzhāng.

2　"不但〜而且…" で表される複文

(1) 那个 电影 不但 长，而且 没意思。
　　Nàge diànyǐng búdàn cháng, érqiě méi yìsi.

(2) 那 位 老师 不但 学问 高，而且 没 架子。
　　Nà wèi lǎoshī búdàn xuéwèn gāo, érqiě méi jiàzi.

3　"受欢迎"

(1) 现在 在 中国 网购 很 受 欢迎。
　　Xiànzài zài Zhōngguó wǎnggòu hěn shòu huānyíng.

(2) 这个 婚介 网站 很 受 大龄青年 的 欢迎。
　　Zhège hūnjiè wǎngzhàn hěn shòu dàlíng qīngnián de huānyíng.

4　仮定 "〜的话，就…"

(1) 有 很 多 钱 的话，我 就 去 周游 世界。
　　Yǒu hěn duō qián dehuà, wǒ jiù qù zhōuyóu shìjiè.

(2) 你 今天 没 有 时间 的话，就 明天 去 吧。
　　Nǐ jīntiān méi yǒu shíjiān dehuà, jiù míngtiān qù ba.

これも大事！ 名詞を場所化させる "里"

　　中国語で "冰箱" は「冷蔵庫」というモノの意味しか表さず，場所にはなりません。家電量販店の売り場や台所で鎮座しているのは商品・モノの "冰箱" です。一方で，その中に食材や飲み物が入っているのは場所としての "冰箱" ですから，囲まれた内側の場所を表す "里" を付けて "冰箱"（名詞）を場所化する必要があるのです。

厨房里 有 一 个 冰箱。　　冰箱里 有 两 瓶 啤酒。
Chúfángli yǒu yí ge bīngxiāng.　Bīngxiāngli yǒu liǎng píng píjiǔ.

三 楼 有 十 个(间) 教室。　　教室里 有 很 多 学生。
Sān lóu yǒu shí ge (jiān) jiàoshì.　Jiàoshìli yǒu hěn duō xuésheng.

我 昨天 买了 一 个 钱包。　　钱包里 没 有 钱。
Wǒ zuótiān mǎile yí ge qiánbāo.　Qiánbāoli méi yǒu qián.

Lesson 練習問題

1 中国語の音声を聞いて，ピンインと簡体字で書き取り，日本語に訳しましょう。

	ピンイン	中国語	日本語
(1)	_____	_____	_____
(2)	_____	_____	_____
(3)	_____	_____	_____

DL 14 / CD 14

2 次の空欄を埋めるのに最も適当なものを，①〜④の中から1つ選び、全文を日本語に訳しましょう。

(1) 草莓蛋糕（　　）这里的特色蛋糕。　　①在　②是　③有　④做

　日本語 _____

(2) 我（　　）美食很感兴趣。　　①从　②和　③对　④跟

　日本語 _____

(3) 现在网购很（　　）欢迎。　　①要　②收　③给　④受

　日本語 _____

3 日本語をヒントに，①〜④の語句を並べ替えて中国語の文を完成させましょう。

(1) 私はケーキ作りを勉強したいと思っている。

　我 _____ _____ _____ _____ 。　　①很想　②蛋糕　③做　④学

(2) あの映画は長いだけでなくて，つまらない。

　那个电影 _____ _____ _____ _____ 。　　①没意思　②长　③不但　④而且

(3) あなたはどんなパンが好きですか。

　你 _____ _____ _____ _____ ？　　①面包　②喜欢　③什么　④吃

4 次の日本語を中国語に訳して簡体字で書きましょう。

(1) もし沢山お金があったら，私は旅行に行きます。→ _____

(2) 壁に絵が一枚あります。→ _____

(3) ケーキを全部売り切ってしまった。→ _____

5 中国語の音声を聞いて，問いに対する答えを書きましょう。

DL 15 / CD 15

(1)【問】岩田圭找到了什么工作？

　【答】_____

(2)【問】岩田圭对什么感兴趣？

　【答】_____

第三课

第四课 我们学校的图书馆

1. 学校や職場、地元で特徴のある施設について説明することができる。
2. 伝聞について表現することができる。

この課の語句 DL 16 / CD 16

	中国語	ピンイン		日本語
1	意大利	Yìdàlì	名	イタリア
2	交换	jiāohuàn	動	交換する
3	罗莎	Luóshā	名	（イタリア人女性の名前で）ローサ
4	听说	tīng shuō	動	聞くところによると~だそうだ
5	民族学	mínzúxué	名	民族学
6	藏书	cángshū	名	蔵書
7	期间	qījiān	名	期間
8	好好儿	hǎohāor	副	しっかりと, ちゃんと
9	利用	lìyòng	動	利用する, 使う
10	全天开门	quántiān kāimén		終日オープン
11	不论~都…	búlùn~dōu…		（接続詞で条件がどうであれ同じことになるのを表して）~であれ, ~であろうが
12	尝	cháng	動	味見する, 味わう
13	味道	wèidao	名	味
14	取消	qǔxiāo	動	取り消す, 廃止する, キャンセルする
15	独生子女	dúshēngzǐnǚ	名	一人っ子
16	政策	zhèngcè	名	政策
17	讲课	jiǎng kè		授業をする
18	按时	ànshí	副	時間通りに, 決められた時間に基づいて
19	跑步	pǎo bù	動	ジョギングする
20	北京烤鸭	Běijīng kǎoyā	名	北京ダック

DL 17　CD 17

岩田さんは日本に来たばかりのイタリア人留学生ローサさんにキャンパスを案内しました。

今天　我　认识了　一　位　从　意大利　来　的
Jīntiān wǒ rènshile yí wèi cóng Yìdàlì lái de

交换　留学生，她　叫　罗莎。我　今天　给　罗莎
jiāohuàn liúxuéshēng, tā jiào Luóshā. Wǒ jīntiān gěi Luóshā

介绍了　我们　学校　的　图书馆。罗莎　说　她　来
jièshàole wǒmen xuéxiào de túshūguǎn. Luóshā shuō tā lái

日本　以前　就　听　她　的　老师　说过　这个
Rìběn yǐqián jiù tīng tā de lǎoshī shuōguo zhège

图书馆。她　知道　我们　学校　的　图书馆　民族学
túshūguǎn. Tā zhīdao wǒmen xuéxiào de túshūguǎn mínzúxué

方面　的　藏书　非常　有名。她　说　在　日本　留学
fāngmiàn de cángshū fēicháng yǒumíng. Tā shuō zài Rìběn liúxué

期间　要　好好儿　利用　这个　图书馆。
qījiān yào hǎohāor lìyòng zhège túshūguǎn.

我们　学校　的　图书馆　旁边　还　有　一　个
Wǒmen xuéxiào de túshūguǎn pángbiān hái yǒu yí ge

咖啡店。这个　咖啡店　和　图书馆　一样　也　是
kāfēidiàn. Zhège kāfēidiàn hé túshūguǎn yíyàng yě shì

全天开门，不论　什么　时候　都　可以　去。罗莎　很
quántiān kāimén, búlùn shénme shíhou dōu kěyǐ qù. Luóshā hěn

喜欢　喝　咖啡，她　说　要　尝尝　日本　咖啡　的
xǐhuan hē kāfēi, tā shuō yào chángchang Rìběn kāfēi de

味道，还　说　今天　晚上　请　我　去　那里　喝　咖啡。
wèidao, hái shuō jīntiān wǎnshang qǐng wǒ qù nàli hē kāfēi.

POINT ポイント

1 "听说""听～说"

(1) 听说 他 下 个 月 去 意大利 留学。
　　Tīngshuō tā xià ge yuè qù Yìdàlì liúxué.

(2) 听 中国 朋友 说，现在 中国 已经 取消 独生子女 政策 了。
　　Tīng Zhōngguó péngyou shuō, xiànzài Zhōngguó yǐjīng qǔxiāo dúshēngzǐnǚ zhèngcè le.

2 "好好儿～"

(1) 你 要 好好儿 学习。
　　Nǐ yào hǎohāor xuéxí.

(2) 上 课 时 要 好好儿 听 老师 讲 课。
　　Shàng kè shí yào hǎohāor tīng lǎoshī jiǎng kè.

3 "不论～都…"

(1) 你 不论 几 点 来 都 可以。
　　Nǐ búlùn jǐ diǎn lái dōu kěyǐ.

(2) 不论 天气 好 不 好，他 每 天 早上 都 按时 跑步。
　　Búlùn tiānqì hǎo bu hǎo, tā měi tiān zǎoshang dōu ànshí pǎo bù.

4 "请"

(1) 我 明天 请 你 吃 北京烤鸭 吧。
　　Wǒ míngtiān qǐng nǐ chī Běijīng kǎoyā ba.

(2) 他 昨天 请 我 看了 一 个 中国 电影。
　　Tā zuótiān qǐng wǒ kànle yí ge Zhōngguó diànyǐng.

これも大事！ 家庭料理で"请"する

ボリュームのある中国料理はおもてなし向きで，自宅で御馳走する場合でも，レストランのような派手さはありませんが，テーブルには賑やかに"家常菜 jiācháng cài（家庭料理）"の数々が並びます。

家常凉菜（前菜）
jiācháng liángcài

红烧茄子（茄子醤油煮込み）
hóngshāo qiézi

白菜豆腐（白菜と豆腐の煮込み）
báicài dòufu

香芹肉丝（セロリと細切り肉の炒め）
xiāngqín ròusī

韭菜豆芽（ニラもやし炒め）
jiǔcài dòuyá

酸辣汤（酸辣湯）
suānlàtāng

土豆烧肉（ジャガイモ肉煮込み）
tǔdòu shāoròu

清炒土豆丝（ジャガイモ千切り炒め）
qīngchǎo tǔdòusī

芹菜熘肉片（セロリ肉炒めあんかけ）
qíncài liūròupiàn

香辣肉排（スパイシースペアリブ）
xiānglà ròupái

西红柿炒鸡蛋（トマトたまご炒め）
xīhóngshì chǎojīdàn

黄瓜炒鲜虾（黄瓜とえびの炒め）
huángguā chǎoxiānxiā

Lesson 練習問題

1 中国語の音声を聞いて，ピンインと簡体字で書き取り，日本語に訳しましょう。

	ピンイン	中国語	日本語
(1)	_____	_____	_____
(2)	_____	_____	_____
(3)	_____	_____	_____

2 次の空欄を埋めるのに最も適当なものを，①〜④の中から1つ選び、全文を日本語に訳しましょう。

(1) 图书馆旁边（　　）一个咖啡店。　　①在　②对　③有　④做

日本語 _____

(2) 他（　　）这个图书馆很有名。　　①是　②知道　③有　④去

日本語 _____

(3) 不论什么时候（　　）可以去。　　①都　②就　③才　④很

日本語 _____

3 日本語をヒントに，①〜④の語句を並べ替えて中国語の文を完成させましょう。

(1) 授業中はしっかり先生の話を聞かないといけません。

上课时要 _____ _____ _____ _____。　①讲课　②听　③好好儿　④老师

(2) 私はあなたに中国料理をごちそうしましょう。

我 _____ _____ _____ _____ 吧！　①你　②请　③中国菜　④吃

(3) 彼は毎日決まった時間にジョギングします。

他 _____ _____ _____ _____。　①都　②跑步　③每天　④按时

4 次の日本語を中国語に訳して簡体字で書きましょう。

(1) あなたは来年中国に留学に行くそうですね。　→ _____

(2) 彼女も彼と同じように中国人留学生です。　→ _____

(3) 私は今日彼にうちの大学の図書館を紹介しました。　→ _____

5 中国語の音声を聞いて，問いに対する答えを書きましょう。

(1)【問】罗莎是从哪里来的留学生？

【答】_____

(2)【問】罗莎说今天晚上做什么？

【答】_____

第四课

第五课 准备期末考试

1. ものごとの理由とその結果について説明することができる。
2. 受身表現で誰かに何かをされる・されたことを説明できる。

この課の語句 DL 21 / CD 21

#	中国語	ピンイン	品詞	日本語
1	因为	yīnwèi	接	～のために，～なので，～だから
2	社团	shètuán	名	部活動，サークル
3	以为	yǐwéi	動	思う，考える（多くの場合で事実とは異なる）
4	一点儿都～	yìdiǎnr dōu~		少しも～
5	准备	zhǔnbèi	動	準備する
6	严	yán	形	厳しい，厳格である
7	考试题	kǎoshìtí	名	試験問題
8	肯定	kěndìng	副	確かに，きっと，間違いなく
9	要～了	yào~le		（近い将来を表して）まもなく～になる
10	马上	mǎshàng	副	すぐに
11	开始	kāishǐ	動	～しはじめる
12	紧张	jǐnzhāng	形	緊張している
13	而且	érqiě	接	しかも
14	还	hái	副	さらに
15	说	shuō	動	叱る，意見する，説教する
16	批评	pīpíng	動	注意する，叱る，意見する
17	态度	tàidu	名	態度
18	认真	rènzhēn	形	まじめである，いい加減ではない
19	感到	gǎndào	動	（動詞＋結果補語で）感じる，感じ取る
20	伤心	shāng xīn	動	傷つく，悲しい思いをする
21	为了	wèile	介	（目的を表して）～のために，～するために
22	取得	qǔdé	動	とる，獲得する，勝ち取る，取得する
23	要	yào	助動	～しなければならない
24	加油	jiā yóu	動	がんばる
25	开夜车	kāi yèchē		夜なべをする，徹夜する
26	毕业	bì yè	動	卒業する
27	消息	xiāoxi	名	知らせ，ニュース
28	刮	guā	動	（風が）吹く
29	舒服	shūfu	形	気分が良い，快適である
30	不用	búyòng	副	～しなくてもよい

もうすぐ期末試験です。岩田さんは今年中国語を履修しているのですが、合格できるか不安に感じています。

最近 因为 学校 社团 的 事情 比较 忙，
Zuìjìn yīnwèi xuéxiào shètuán de shìqing bǐjiào máng,

我 把 考试 的 事儿 忘 了。我 以为 离 考试
wǒ bǎ kǎoshì de shìr wàng le. Wǒ yǐwéi lí kǎoshì

还 有 很 长 时间，还 一点儿 都 没 准备 呢。
hái yǒu hěn cháng shíjiān, hái yìdiǎnr dōu méi zhǔnbèi ne.

今年 的 汉语 老师 很 严，考试题 肯定 也 很 难。
Jīnnián de Hànyǔ lǎoshī hěn yán, kǎoshìtí kěndìng yě hěn nán.

今天 一 听 李 美玲 说 要 考试 了，我
Jīntiān yì tīng Lǐ Měilíng shuō yào kǎoshì le, wǒ

马上 就 开始 紧张 了。而且，因为 忘了 考试
mǎshàng jiù kāishǐ jǐnzhāng le. Érqiě, yīnwèi wàngle kǎoshì

时间，我 还 被 李 美玲 说 了。她 批评 我
shíjiān, wǒ hái bèi Lǐ Měilíng shuō le. Tā pīpíng wǒ

学习 态度 不 认真。被 她 批评，我 感到 很
xuéxí tàidu bú rènzhēn. Bèi tā pīpíng, wǒ gǎndào hěn

伤心。为了 取得 好 成绩，我 一定 要 好好儿
shāng xīn. Wèile qǔdé hǎo chéngjì, wǒ yídìng yào hǎohāor

加油。我 今天 打算 开 夜车 学 汉语。你们 说，
jiā yóu. Wǒ jīntiān dǎsuan kāi yèchē xué Hànyǔ. Nǐmen shuō,

现在 开始 努力 是 不 是 有点儿 晚 啊？
xiànzài kāishǐ nǔlì shì bu shì yǒudiǎnr wǎn a?

1 "一点儿也/都～"

(1) 汉语 一点儿 都 不 难。
Hànyǔ yìdiǎnr dōu bù nán.

(2) 快 毕业 了，可是 我 一点儿 也 不 想 工作。
Kuài bì yè le, kěshì wǒ yìdiǎnr yě bù xiǎng gōngzuò.

2 "一～就…"

(1) 他 一 回 家 就 吃 饭。
Tā yì huí jiā jiù chī fàn.

(2) 她 一 听到 这个 消息，就 笑 了。
Tā yì tīngdào zhège xiāoxi, jiù xiào le.

3 受身 "被"（＋動作主）＋動詞

(1) 树 被 刮倒 了。
Shù bèi guādǎo le.

(2) 我 今天 被 老师 批评 了。
Wǒ jīntiān bèi lǎoshī pīpíng le.

4 "是不是"

(1) A：你 是 不 是 不 舒服？　　B：对，我 有点儿 不 舒服。
Nǐ shì bu shì bù shūfu?　　Duì, wǒ yǒudiǎnr bù shūfu.

(2) A：明天 是 不 是 不用 来 学校？　　B：明天 要 来 学校。
Míngtiān shì bu shì búyòng lái xuéxiào?　　Míngtiān yào lái xuéxiào.

これも大事！ 空間・時間の隔たりを計る基点を表す "离"

"从"が空間・時間の起点を表すのに対して，話題となる時点・地点が，基準となる時点・地点からどれだけ離れているかを表す場合，基準となる時点・地点の前に介詞 "离" を用いて，そこが隔たりを計る基点であることを示します。

主語 は～[基準となる点]から／まで……である。　我 家 离 学校 很 远。
　　　　　　　　　　　　　　　　　　　　　　　Wǒ jiā lí xuéxiào hěn yuǎn.

　　　　　　　　　　　　　　　　　　　　　　　离 考试 只 有 两 天 了。
　　　　　　　　　　　　　　　　　　　　　　　Lí kǎoshì zhǐ yǒu liǎng tiān le.

～[起点]から～[終点]まで……である。　　　　从 我 家 到 学校 需要 一 个 半 小时。
　　　　　　　　　　　　　　　　　　　　　　Cóng wǒ jiā dào xuéxiào xūyào yí ge bàn xiǎoshí.

　　　　　　　話題となる時点・地点　　　基準となる時点・地点
　　　　　　　　　　主語　　　　　　　　（隔たりを計る基点）

Lesson 練習問題

1 中国語の音声を聞いて，ピンインと簡体字で書き取り，日本語に訳しましょう。

　　　　　　ピンイン　　　　　　　中国語　　　　　　　日本語

(1) _____　　_____　　_____

(2) _____　　_____　　_____

(3) _____　　_____　　_____

2 次の空欄を埋めるのに最も適当なものを，①〜④の中から１つ選び、全文を日本語に訳しましょう。

(1) 我（　）李美玲批评了。　　　①被　②为了　③要　④是

日本語 _____

(2) 我一回家（　）吃饭。　　　①都　②也　③才　④就

日本語 _____

(3) 你（　）不舒服？　　　①要不要　②是不是　③来不来　④好不好

日本語 _____

3 日本語をヒントに，①〜④の語句を並べ替えて中国語の文を完成させましょう。

(1) 私は少しもアルバイトをしたくありません。

我 _____ _____ _____ _____ 打工。　①不　②也　③一点儿　④想

(2) 私は試験のことを忘れてました。

我把 _____ _____ _____ _____ 。　①忘了　②的　③考试　④事情

(3) 彼女は私が勉強の態度が不真面目だと注意します。

她 _____ _____ _____ _____ 。　①学习态度　②批评　③不认真　④我

4 次の日本語を中国語に訳して簡体字で書きましょう。

(1) 彼はコーヒーを飲むとすぐにトイレに行きたくなる。→ _____

(2) 私は試験までまだ二週間あると思っていました。→ _____

(3) 明日は学校に来なくて良いんじゃなかったっけ。→ _____

5 中国語の音声を聞いて，問いに対する答えを書きましょう。

(1) 【問】岩田圭把什么事儿忘了？

【答】_____

(2) 【問】岩田圭以为离考试还有多长时间？

【答】_____

第六课 考试后的放松

1. 気持ち、手応えなどを説明することができる。
2. 予定について説明することができる。

この課の語句 DL 26 / CD 26

#	中国語	ピンイン	品詞	日本語
1	放松	fàngsōng	動	リラックスする
2	终于	zhōngyú	副	ついに，とうとう
3	考	kǎo	動	試験する，受験する，試験を受ける
4	觉得	juéde	動	思う，感じる
5	还可以	hái kěyǐ		まあまあである
6	连	lián	介	("连…都"の形で) ～さえも，～でさえ
7	担心	dān xīn	動	心配する，気にかける
8	～出来	chūlai		(方向補語として動作の完成と新しい事物の出現を表し)～できる，～出す
9	考过	kǎoguò		(動詞＋結果補語)試験に通る，合格する
10	应该	yīnggāi	助動	～のはずである
11	一定	yídìng	副	きっと，必ず
12	坚信	jiānxìn	動	堅く信じる
13	想	xiǎng	助動	～したい
14	向	xiàng	介	～に，～に対して
15	巧克力	qiǎokèlì	名	チョコレート
16	表示	biǎoshì	動	～の気持ちを表す
17	打算	dǎsuan	助動	～するつもりである
			名	予定，心づもり
18	驾驶	jiàshǐ	動	(乗り物を)運転する，操縦する
19	执照	zhízhào	名	許可証，免許証
20	集训班	jíxùnbān	名	合宿クラス，合宿講習
21	集中	jízhōng	動	集中する
22	比赛	bǐsài	名	試合，ゲーム
23	照常	zhàocháng	副	普段と同じように，いつも通りに
24	进行	jìnxíng	動	おこなう，進行する
25	越来越	yuèláiyuè		ますます
26	专门	zhuānmén	副	わざわざ，もっぱら

阅读

心配していた期末試験も終わり、夏休みはもう目前、岩田さんははげましてくれた李さんにお礼をするつもりです。

期末 考试 终于 考完 了，我 真 是 太 高兴
Qīmò kǎoshì zhōngyú kǎowán le, wǒ zhēn shì tài gāoxìng

了。我 觉得 考得 还 可以，连 我 最 担心 的
le. Wǒ juéde kǎode hái kěyǐ, lián wǒ zuì dānxīn de

汉语 考试，我 也 都 回答出来 了。我 想 这 次
Hànyǔ kǎoshì, wǒ yě dōu huídáchūlai le. Wǒ xiǎng zhè cì

期末 考试 我 考过 应该 没 问题。考试 前 我
qīmò kǎoshì wǒ kǎoguò yīnggāi méi wèntí. Kǎoshì qián wǒ

每 天 都 开 夜车 学 汉语。只要 努力 就 一定
měi tiān dōu kāi yèchē xué Hànyǔ. Zhǐyào nǔlì jiù yídìng

能 成功，我 坚信 这个 道理。
néng chénggōng, wǒ jiānxìn zhège dàolǐ.

今天 我 做了 一 个 巧克力 蛋糕，我 想 请
Jīntiān wǒ zuòle yí ge qiǎokèlì dàngāo, wǒ xiǎng qǐng

李 美玲 到 我 家 吃 蛋糕，向 她 表示 感谢。
Lǐ Měilíng dào wǒ jiā chī dàngāo, xiàng tā biǎoshì gǎnxiè.

暑假 我 打算 去 学 开 车，考 驾驶 执照。
Shǔjià wǒ dǎsuan qù xué kāi chē, kǎo jiàshǐ zhízhào.

我 想 参加 集训班，集中 学习 三 个 星期。你们
Wǒ xiǎng cānjiā jíxùnbān, jízhōng xuéxí sān ge xīngqī. Nǐmen

暑假里 有 什么 打算 吗？
shǔjiàli yǒu shénme dǎsuan ma?

1 "连〜也/都…"

(1) 这个 字 连 老师 都 不 会 念。
　　Zhège zì lián lǎoshī dōu bú huì niàn.

(2) 来 日本 这么 长 时间 了，我 连 京都 都 没 去过。
　　Lái Rìběn zhème cháng shíjiān le, wǒ lián Jīngdū dōu méi qùguo.

2 "只要〜就…"

(1) 只要 妈妈 同意，爸爸 就 没 意见。
　　Zhǐyào māma tóngyì, bàba jiù méi yìjian.

(2) 只要 明天 不 下雨，比赛 就 照常 进行。
　　Zhǐyào míngtiān bú xià yǔ, bǐsài jiù zhàocháng jìnxíng.

3 様態補語

(1) 爸爸 做 菜 做得 很 好。
　　Bàba zuò cài zuòde hěn hǎo.

(2) 他 汉语 说得 越来越 流利 了。
　　Tā Hànyǔ shuōde yuèláiyuè liúlì le.

4 疑問詞＋"吗" 疑問詞の不定詞用法

(1) 你 有 什么 问题 吗？
　　Nǐ yǒu shénme wèntí ma?

(2) 你 暑假 想 去 哪儿 玩儿 吗？
　　Nǐ shǔjià xiǎng qù nǎr wánr ma?

これも大事！ "买"の場面　割引表現のいろいろ

買い物は身近なコミュニケーションの場面の一つですが、セールや割引などでは"八折 bā zhé（8割の値段＝2割引（"折"＝10%））"など、日本語と随分ちがった表現が使われています。

大减价（大幅値引き）
dà jiǎnjià

均价二十元（20元均一）
jūnjià èrshí yuán

第二件半价（2つめ半額）
dì èr jiàn bànjià

买二送一（2つお買い上げで1つ進呈）
mǎi èr sòng yī

全场四折起（売り場全品6割引きより）
quánchǎng sì zhé qǐ

满一千减一百（千元お買い上げ毎に百元値引き）
mǎn yìqiān jiǎn yìbǎi

Lesson 練習問題

1 中国語の音声を聞いて，ピンインと簡体字で書き取り，日本語に訳しましょう。　DL 29／CD 29

　　　　　　ピンイン　　　　　　中国語　　　　　　日本語

(1) _____　_____　_____

(2) _____　_____　_____

(3) _____　_____　_____

2 次の空欄を埋めるのに最も適当なものを，①〜④の中から1つ選び、全文を日本語に訳しましょう。

(1) 我考(　　)还可以。　　　　①了　②得　③的　④地

　日本語 _____

(2) (　　)努力就一定能成功。　　①因为　②如果　③不论　④只要

　日本語 _____

(3) 我打算(　　)驾驶执照。　　①有　②考　③在　④去

　日本語 _____

3 日本語をヒントに，①〜④の語句を並べ替えて中国語の文を完成させましょう。

(1) 期末試験がついに終わりました。
　　期末考试 _____ _____ _____ _____ 。　①考　②完　③了　④终于

(2) 昨日私はわざわざ高級ケーキを一つ買いに行きました。
　　昨天我 _____ _____ _____ _____ 一个高级蛋糕。　①专门　②买　③去　④了

(3) お父さんは料理を作るのが上手です。
　　爸爸做 _____ _____ _____ _____ 。　　①做　②菜　③很好　④得

4 次の日本語を中国語に訳して簡体字で書きましょう。

(1) 私は土曜日でさえも徹夜しないといけない。　→ _____

(2) 努力しさえすれば必ず報われます。　→ _____

(3) あなたたちはどんな予定がありますか。　→ _____

5 中国語の音声を聞いて，問いに対する答えを書きましょう。　DL 30／CD 30

(1)【問】岩田圭觉得期末考试考得可以吗？

　【答】_____

(2)【問】岩田圭暑假打算做什么？

　【答】_____

第六课

第七课 暑假生活

1. 休暇の過ごし方を説明することができる。
2. 物事の様子や程度、状態を詳細な表現で説明することができる。

この課の語句

 DL 31 / CD 31

#	中国語	ピンイン		日本語
1	过	guò	動	過ごす
2	快乐	kuàilè	形	楽しい，満ち足りている
3	而	ér	接	かつ，〜にして〜
4	充实	chōngshí	形	充実している
5	驾照	jiàzhào	名	運転免許証
6	经历	jīnglì	名	体験，経験
7	难以忘怀	nányǐwànghuái	(成語)	忘れ難い
8	价格	jiàgé	名	価格，値段
9	几乎	jīhū	副	ほとんど，大体
10	互相	hùxiāng	副	お互いに
11	帮助	bāngzhù	動	助ける，手助けする
12	像〜一样	xiàng~yíyàng		まるで〜のようである
13	行动	xíngdòng	動	行動する
14	发现	fāxiàn	動	気づく，発見する
15	集体	jítǐ	名	集団，グループ
16	结束	jiéshù	動	終わる，終了する
17	怎么样	zěnmeyàng	代	どのような，どうですか
18	染	rǎn	動	染める
19	头发	tóufa	名	髪の毛
20	成熟	chéngshú	形	成熟している
21	跟	gēn	介	〜と，〜に
22	熟	shú	形	親しい，昵懇の間柄である

岩田さんはとても充実した夏休みを過ごしたようで、これからみんなの前で報告です。

我 的 暑假 过得 快乐 而 充实，我 不但 和 朋友 去 北海道 旅游了 一 次，而且 还 取得了 驾照。
Wǒ de shǔjià guòde kuàilè ér chōngshí, wǒ búdàn hé péngyou qù Běihǎidào lǚyóule yí cì, érqiě hái qǔdéle jiàzhào.

特别 是 学习 开 车 的 经历 让 我 难以忘怀。
Tèbié shì xuéxí kāi chē de jīnglì ràng wǒ nányǐwànghuái.

我 参加 的 是 集训班，这个 集训班 因为 价格 便宜，所以 很 受 欢迎。班里 的 同学 几乎 都 是 大学生。大家 在 一起 生活，互相 帮助，就 像 一家人 一样。每 天 我们 上完 驾驶课 后，在 一起 玩儿 和 聊天儿。以前 我 比较 喜欢 一 个 人 行动，现在 我 发现 我 越来越 喜欢 集体 生活 了。集训班 的 学习 结束 后，我 还 和 新 认识 的 朋友 去 北海道 旅游了 一 次。你们 的 暑假 过得 怎么样？
Wǒ cānjiā de shì jíxùnbān, zhège jíxùnbān yīnwèi jiàgé piányi, suǒyǐ hěn shòu huānyíng. Bānli de tóngxué jīhū dōu shì dàxuéshēng. Dàjiā zài yìqǐ shēnghuó, hùxiāng bāngzhù, jiù xiàng yìjiārén yíyàng. Měi tiān wǒmen shàngwán jiàshǐkè hòu, zài yìqǐ wánr hé liáotiānr. Yǐqián wǒ bǐjiào xǐhuan yí ge rén xíngdòng, xiànzài wǒ fāxiàn wǒ yuèláiyuè xǐhuan jítǐ shēnghuó le. Jíxùnbān de xuéxí jiéshù hòu, wǒ hái hé xīn rènshi de péngyou qù Běihǎidào lǚyóule yí cì. Nǐmen de shǔjià guòde zěnmeyàng?

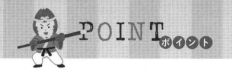

1 使役 "让"

(1) 这个 小说 让 我 很 感动。
　　Zhège xiǎoshuō ràng wǒ hěn gǎndòng.

(2) 妈妈 不 让 我 染 头发。
　　Māma bú ràng wǒ rǎn tóufa.

2 動詞＋"得"＋"怎么样"

(1) 你 做 饭 做得 怎么样？
　　Nǐ zuò fàn zuòde zěnmeyàng?

(2) 你 期末 考试 考得 怎么样？
　　Nǐ qīmò kǎoshì kǎode zěnmeyàng?

3 "像～一样"

(1) 今天 天气 很 暖和，像 春天 一样。
　　Jīntiān tiānqì hěn nuǎnhuo, xiàng chūntiān yíyàng.

(2) 他 说 话、做 事 像 小孩儿 一样，一点儿 也 不 成熟。
　　Tā shuō huà, zuò shì xiàng xiǎoháir yíyàng, yìdiǎnr yě bù chéngshú.

4 離合詞 "上完驾驶课"

(1) 哥哥 一 个 星期 游 两 次 泳。
　　Gēge yí ge xīngqī yóu liǎng cì yǒng.

(2) 我 跟 他 不 熟，一共 只 跟 他 见过 两 次 面。
　　Wǒ gēn tā bù shú, yígòng zhǐ gēn tā jiànguo liǎng cì miàn.

これも大事！ インバウンド観光にまつわる国名・地名

訪日外国人旅行客が年々増えていますが，総務省のランキングによると，国・地域別では"中国 Zhōngguó、韩国 Hánguó、台湾 Táiwān、香港 Xiānggǎng"のアジア勢のトップ4が揺るぐ気配はありません。一方，外国人旅行客の訪問者数が多い都道府県は次の通りです。"千叶"のランクインはやはり"东京迪士尼 Dōngjīng Díshìní（東京ディズニー）"と"成田机场 Chéngtián jīchǎng（成田空港）"があるのが大きな要因でしょう。

东京（東京）	大阪（大阪）	千叶（千葉）	京都（京都）	福冈（福岡）
Dōngjīng	Dàbǎn	Qiānyè	Jīngdū	Fúgāng
神奈川（神奈川）	爱知（愛知）	北海道（北海道）	冲绳（沖縄）	奈良（奈良）
Shénnàichuān	Àizhī	Běihǎidào	Chōngshéng	Nàiliáng

Lesson 練習問題

1 中国語の音声を聞いて，ピンインと簡体字で書き取り，日本語に訳しましょう。

　　　　ピンイン　　　　　　　　中国語　　　　　　　　日本語

(1) _____　　_____　　_____

(2) _____　　_____　　_____

(3) _____　　_____　　_____

2 次の空欄を埋めるのに最も適当なものを，①〜④の中から１つ選び、全文を日本語に訳しましょう。

(1) 这家蛋糕店很（　　）欢迎。　　①好　②有　③受　④得

日本語 _____

(2) 今天（　　）春天一样暖和。　　①有点儿　②几乎　③像　④比

日本語 _____

(3) 妈妈不（　　）我染头发。　　①让　②想　③得　④别

日本語 _____

3 日本語をヒントに，①〜④の語句を並べ替えて中国語の文を完成させましょう。

(1) 私の夏休みは楽しく充実して過ごしました。

我的暑假 _____ _____ _____ _____。　①而　②快乐　③过得　④充实

(2) 兄は一週間に二回泳ぎます。

哥哥 _____ _____ _____ _____。　①泳　②游　③两次　④一个星期

(3) クラスメイトはほとんどみんな女子学生です。

班里的同学 _____ _____ _____ _____。　①都　②几乎　③女生　④是

4 次の日本語を中国語に訳して簡体字で書きましょう。

(1) 私は友人と一緒に北海道へ一度旅行に行きました。　→ _____

(2) 誰があなたにこの本を持って来させたのですか。　→ _____

(3) 毎日私たちは授業が終わるとすぐに一緒に遊びます。　→ _____

5 中国語の音声を聞いて，問いに対する答えを書きましょう。

(1) 【問】

【答】_____

(2) 【問】

【答】_____

第七课

第八课 一天实习

1. 参加した行事の内容や感じたことを表現することができる。
2. 助動詞 "会" で強い可能性や熟練度を表現することができる。

この課の語句 DL 36 / CD 36

	中国語	ピンイン		日本語
1	企业	qǐyè	名	企業
2	一天实习	yìtiānshíxí	名	1dayインターンシップ
3	活动	huódòng	名	活動
4	小组	xiǎozǔ	名	グループ
5	讨论	tǎolùn	動	討論する
6	安慰	ānwèi	動	慰める
7	会～的	huì~de		～のはずだ
8	习惯	xíguàn	動	慣れる
9	会	huì	助動	～するのが得意・上手である
10	规划	guīhuà	動	計画する、プランを立てる
11	还	hái	副	まだ
12	所以	suǒyǐ	接	だから
13	真的	zhēnde	副	本当に
14	佩服	pèifu	動	感心する、感服する
15	联系	liánxì	動	連絡する、連絡をとる
16	身边	shēnbiān	名	身のまわり
17	像～这样	xiàng~zhèyàng		～のような（こんな感じの）
18	带	dài	動	持つ、携帯する、身につける、持って行く
19	学哥	xuégē	名	（男性の）先輩
20	学姐	xuéjiě	名	（女性の）先輩
21	逃	táo	動	逃げる、逃れる
22	弹	tán	動	弾く
23	钢琴	gāngqín	名	ピアノ
24	赚钱	zhuàn qián	動	金を儲ける
25	照顾	zhàogù	動	考慮する、配慮する、気を配る、世話する

今日、岩田さんはある企業の1dayインターンシップに参加しましたが、積極的に活動している学生と出会って…

今天 我 去 参加了 一 个 企业 的 一天实习。
Jīntiān wǒ qù cānjiāle yí ge qǐyè de yìtiānshíxí.

一天实习里 有 一 个 活动 是 小组 讨论。我
Yìtiānshíxílǐ yǒu yí ge huódòng shì xiǎozǔ tǎolùn. Wǒ

是 第 一 次 参加 这样 的 活动，心里 非常 紧张。
shì dì yī cì cānjiā zhèyàng de huódòng, xīnlǐ fēicháng jǐnzhāng.

在 那里 我 认识了 一 个 朋友，她 叫 田中 爱。
Zài nàli wǒ rènshile yí ge péngyou, tā jiào Tiánzhōng Ài.

她 安慰 我 说，第 一 次 参加 这样 的 活动，
Tā ānwèi wǒ shuō, dì yī cì cānjiā zhèyàng de huódòng,

谁 都 会 紧张 的，多 参加 几 次 就 习惯 了。
shéi dōu huì jǐnzhāng de, duō cānjiā jǐ cì jiù xíguàn le.

田中 说，毕业 后 她 除了 贸易 公司 以外，哪里
Tiánzhōng shuō, bì yè hòu tā chúle màoyì gōngsī yǐwài, nǎli

也 不 想 去。和 我 不 一样，她 很 会 规划
yě bù xiǎng qù. Hé wǒ bù yíyàng, tā hěn huì guīhuà

将来 的 事情。我 到 现在 还 没 想好 将来 要
jiānglái de shìqing. Wǒ dào xiànzài hái méi xiǎnghǎo jiānglái yào

做 什么 工作，所以 我 真的 很 佩服 她！以后
zuò shénme gōngzuò, suǒyǐ wǒ zhēnde hěn pèifu tā! Yǐhòu

我 要 经常 跟 她 联系，向 她 学习。你们 身边
wǒ yào jīngcháng gēn tā liánxì, xiàng tā xuéxí. Nǐmen shēnbiān

有 像 田中 这样 的 人 吗？
yǒu xiàng Tiánzhōng zhèyàng de rén ma?

1 "会～的"

(1) 别　担心，他　明天　肯定　会　来　的。
　　Bié dān xīn, tā míngtiān kěndìng huì lái de.

(2) 你　不用　带　伞，下午　一定　不　会　下雨　的。
　　Nǐ búyòng dài sǎn, xiàwǔ yídìng bú huì xià yǔ de.

2 "除了～以外"

(1) 我　除了　英语　以外，还　学习　汉语。
　　Wǒ chúle Yīngyǔ yǐwài, hái xuéxí Hànyǔ.

(2) 除了　你　以外，我　谁　都　不　认识。
　　Chúle nǐ yǐwài, wǒ shéi dōu bú rènshi.

3 "向～学习"

(1) 我　要　向　学哥、学姐　学习。
　　Wǒ yào xiàng xuégē、xuéjiě xuéxí.

(2) 你们　都　应该　向　田中　学习，不　能　逃　课。
　　Nǐmen dōu yīnggāi xiàng Tiánzhōng xuéxí, bù néng táo kè.

4 "很"＋"会"

(1) 她　很　会　弹　钢琴。
　　Tā hěn huì tán gāngqín.

(2) 铃木　很　会　赚钱，也　很　会　照顾　人。
　　Língmù hěn huì zhuàn qián, yě hěn huì zhàogù rén.

これも大事！ 中国の大学生の就活事情Ⅰ　学生を取り巻く状況

　経済成長が続く中国ですが，産業構造がいまだ過渡期にあるために，就職市場では依然としてワーカーとしての"蓝领 lánlǐng（ブルーカラー）"が重宝されています。一方で，大学生が希望する"白领 báilǐng（ホワイトカラー）"の職種はかなりの買い手市場です。

　また，学歴が重視される中国では，"高考 gāokǎo（全国統一大学入試）"で，"考上哪个大学 kǎoshàng nǎge dàxué（どの大学に合格するか）"が4年後の就職活動にまで直結するために，大学受験も当然熱を帯びたものになります。大学進学率が約5割になり，大学が大衆化した状況では，"重点大学 zhòngdiǎn dàxué（有力大学）"出身の学生が引く手数多の一方で，一般的な大学の学生にとってはかなり厳しい状況だと言えます。

　希望通りの就職が叶わなかった場合に，地方出身の卒業生が経済的な理由から集団でシェア生活を送る"蚁族 yǐzú（蟻族）"になったり，都市部の卒業生が仕事もせずに親の経済力を当てにする"啃老族 kěnlǎozú（すねかじり，ニート）"になったりすることも社会問題になっています。

Lesson 練習問題

1 中国語の音声を聞いて，ピンインと簡体字で書き取り，日本語に訳しましょう。

DL 39
CD 39

　　　　　ピンイン　　　　　　　　中国語　　　　　　　　日本語

(1) _____　_____　_____

(2) _____　_____　_____

(3) _____　_____　_____

2 次の空欄を埋めるのに最も適当なものを，①〜④の中から１つ選び、全文を日本語に訳しましょう。

(1) 我是第一次参加（　　）的活动。　　①这个　②这样　③这么　④这

　　日本語 _____

(2) 别担心，下午不（　　）下雨的。　　①会　②能　③可以　④要

　　日本語 _____

(3) 我（　　）了一个中国朋友。　　①做　②好　③知道　④认识

　　日本語 _____

3 日本語をヒントに，①〜④の語句を並べ替えて中国語の文を完成させましょう。

(1) 彼女は将来のことを計画するスキルがある。

　　她 _____ _____ _____ _____ 。　　①事情　②将来的　③计划　④很会

(2) 私はしょっちゅう彼と連絡をとらねばならない。

　　我要 _____ _____ _____ _____ 。　　①他　②联系　③经常　④跟

(3) あなたは多めに何度か参加すればすぐに慣れますよ。

　　你 _____ _____ _____ _____ 习惯了。　①参加　②多　③就　④几次

4 次の日本語を中国語に訳して簡体字で書きましょう。

(1) 彼は中国以外に，どこにも行きたくない。　→ _____

(2) 私はまだ将来何をしたいかちゃんと考えてません。→ _____

(3) 私は小林さんを見習わなければならない。　→ _____

5 中国語の音声を聞いて，問いに対する答えを書きましょう。

DL 40
CD 40

(1)【問】

　　【答】_____

(2)【問】

　　【答】_____

第八课

第九课 做 PPT 报告

1. いま行っている作業の経過や結果を伝えることができる。
2. 「少し」のニュアンスを使い分けて表現することができる。

この課の語句 DL 41 / CD 41

	中国語	ピンイン		日本語
1	PPT	PPT	名	パワーポイント
2	报告	bàogào	名	報告, プレゼンテーション
3	做好	zuòhǎo		(動詞＋結果補語で)(満足のいく状態に)仕上げる, 完成させる
4	把握	bǎwò	動	把握する, 理解する
5	园地	yuándì	名	様々な活動のための場所, コモンズ
6	请教	qǐngjiào	動	教えを乞う
7	建议	jiànyì	動	提案する, アドバイスする
			名	提案, アドバイス, 提言
8	最好	zuìhǎo	副	～するのが最もよい, ～した方がよい
9	删掉	shāndiào	動	削除する
10	一些	yìxiē	量	いくらかの, 少しの
11	听取	tīngqǔ	動	聴取する, 耳を傾ける
12	修改	xiūgǎi	動	直す, 手を入れる
13	地方	dìfang	名	場所, ところ
14	演示	yǎnshì	動	実演する, デモンストレーションする
15	遍	biàn	量	(動作のはじめから終わりまでを一回として数える量詞で)回
16	不错	búcuò	形	なかなか良い, けっこうである
17	翻译	fānyì	動	翻訳する
18	分	fēn	動	分ける, 分割する
19	读	dú	動	(声を出して)読む

阅读

岩田さんはいよいよ来週に迫ったゼミ発表のPPT作成も大詰めで、ラーニングコモンズにやってきました。ラーニングアシスタントからいろいろアドバイスされたようです。

我 下 星期 要 做 一 个 PPT 报告。我 以前
Wǒ xià xīngqī yào zuò yí ge PPT bàogào. Wǒ yǐqián

没 做过 这样 的 报告，心里 有点儿 担心。我
méi zuòguo zhèyàng de bàogào, xīnli yǒudiǎnr dānxīn. Wǒ

今天 把 PPT 做好 了，但是 做成 这样 行 不 行，
jīntiān bǎ PPT zuòhǎo le, dànshì zuòchéng zhèyàng xíng bu xíng,

我 一点儿 把握 也 没 有。今天 我 去了 学习
wǒ yìdiǎnr bǎwò yě méi yǒu. Jīntiān wǒ qùle xuéxí

园地，向 园地 的 老师 请教。那里 的 老师 说
yuándì, xiàng yuándì de lǎoshī qǐngjiào. Nàli de lǎoshī shuō

我 的 PPT 字儿 太 多 了，她 建议 我 最好
wǒ de PPT zìr tài duō le, tā jiànyì wǒ zuìhǎo

删掉 一些 字。我 听取了 她 的 建议，同时，又
shāndiào yìxiē zì. Wǒ tīngqǔle tā de jiànyì, tóngshí, yòu

修改了 其他 的 地方。我 觉得 修改 后 的 PPT
xiūgǎile qítā de dìfang. Wǒ juéde xiūgǎi hòu de PPT

比 以前 好 多 了。最后，我 给 那里 的 老师
bǐ yǐqián hǎo duō le. Zuìhòu, wǒ gěi nàli de lǎoshī

演示了 一 遍 PPT，老师 说 现在 的 效果 很
yǎnshìle yí biàn PPT, lǎoshī shuō xiànzài de xiàoguǒ hěn

不错。我 特别 高兴。你们 也 经常 做 PPT
búcuò. Wǒ tèbié gāoxìng. Nǐmen yě jīngcháng zuò PPT

报告 吗？
bàogào ma?

第九课

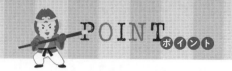

1 結果補語　動詞＋"成"

(1) 你把我的论文翻译成汉语，好吗？
Nǐ bǎ wǒ de lùnwén fānyìchéng Hànyǔ, hǎo ma?

(2) 你最好把这个内容分成两个部分。
Nǐ zuìhǎo bǎ zhège nèiróng fēnchéng liǎng ge bùfen.

2 "有点儿"と"一点儿"

(1) 这件衣服有点儿贵。
Zhè jiàn yīfu yǒudiǎnr guì.

(2) 这件衣服比那件贵一点儿。
Zhè jiàn yīfu bǐ nà jiàn guì yìdiǎnr.

3 "最好"

(1) 你每天最好早点儿睡觉。
Nǐ měi tiān zuìhǎo zǎo diǎnr shuìjiào.

(2) 去之前，你最好给他打个电话。
Qù zhīqián, nǐ zuìhǎo gěi tā dǎ ge diànhuà.

4 動量詞"遍"

(1) 请你读一遍课文。
Qǐng nǐ dú yí biàn kèwén.

(2) 我又看了一遍那个中国小说。
Wǒ yòu kànle yí biàn nàge Zhōngguó xiǎoshuō.

これも大事！　大学のキャンパスにある施設

　中国の大学の広大なキャンパスでは、"法学院 fǎxuéyuàn（法学部）"などの学部単独の建物があり、"教学楼 jiàoxuélóu（教室棟）"は"一号楼 yī hào lóu""二号楼 èr hào lóu"のようにナンバリングされています。キャンパス内には、意外なものも含め、次のような厚生施設があります。

学生宿舍（学生寮）　　　图书馆（図書館）　　　篮球场（バスケットボール場）
xuéshēng sùshè　　　　túshūguǎn　　　　　　lánqiúchǎng

体育场（運動場）　　　　体育馆（体育館）　　　足球场（サッカー場）
tǐyùchǎng　　　　　　　tǐyùguǎn　　　　　　　zúqiúchǎng

健身房（スポーツジム）　食堂（食堂）　　　　　专家楼（外国人専門家宿舎）
jiànshēnfáng　　　　　 shítáng　　　　　　　　zhuānjiālóu

游泳池（プール）　　　　出版社（出版社）　　　宾馆（ホテル）
yóuyǒngchí　　　　　　 chūbǎnshè　　　　　　 bīnguǎn

Lesson 練習問題

1 中国語の音声を聞いて，ピンインと簡体字で書き取り，日本語に訳しましょう。

DL 44
CD 44

ピンイン	中国語	日本語
(1) _____	_____	_____
(2) _____	_____	_____
(3) _____	_____	_____

第九课

2 次の空欄を埋めるのに最も適当なものを，①〜④の中から1つ選び、全文を日本語に訳しましょう。

(1) 我以前没做（　）这样的报告。　　①过　②了　③着　④呢

日本語 _____

(2) 修改后的PPT（　）以前好多了。　　①不　②从　③比　④和

日本語 _____

(3) 我给老师演示了一（　）PPT。　　①台　②件　③双　④遍

日本語 _____

3 日本語をヒントに，①〜④の語句を並べ替えて中国語の文を完成させましょう。

(1) 私はパワーポイントをちゃんと作りました。

我 _____ _____ _____ _____。　①了　②PPT　③把　④做好

(2) 私は来週に報告を一つしなければなりません。

我 _____ _____ _____ _____。　①一个报告　②做　③要　④下星期

(3) 彼は私に少し字を削るようアドバイスしてくれた。

他建议 _____ _____ _____ _____。　①删掉　②字　③我　④一些

4 次の日本語を中国語に訳して簡体字で書きましょう。

(1) あなたは彼に電話をかけたほうがいい。　→ _____

(2) このケーキはあのケーキよりも少し高い。　→ _____

(3) わたしの論文を中国語に翻訳して下さい。　→ _____

5 中国語の音声を聞いて，問いに対する答えを書きましょう。

DL 45
CD 45

(1)【問】

【答】_____

(2)【問】

【答】_____

第十课　过圣诞节

1. イベントをどう過ごすか・過ごしたか順立てて説明することができる。
2. 「いつ、どこで、誰と、何を」したか"是〜的"構文で強調することができる。

この課の語句

 DL 46 / CD 46

	中国語	ピンイン		日本語
1	圣诞节	Shèngdànjié	名	クリスマス
2	大街	dàjiē	名	大通り
3	气氛	qìfēn	名	雰囲気, 気分, 空気
4	浓	nóng	形	濃い
5	家里人	jiālǐrén	名	家の人, うちの人
6	说好	shuōhǎo		(動詞+結果補語で) 約束する, きちんと話を決める
7	然后	ránhòu	副	("先…然后(再)"の形で) まず〜してそれから
8	礼物	lǐwù	名	プレゼント, おみやげ
9	应该	yīnggāi	助動	〜すべきである
10	主意	zhǔyi	名	考え, アイデア
11	听起来	tīngqǐlai		聞いたところでは〜のようだ
12	考虑	kǎolǜ	動	考慮する, 考える
13	主要	zhǔyào	副	主に
14	互送	hùsòng	動	お互いに交換する
15	就	jiù	副	ほかでもなく〜
16	作业	zuòyè	名	宿題
17	健身房	jiànshēnfáng	名	スポーツジム, フィットネスクラブ
18	锻炼	duànliàn	動	鍛える, エクササイズする
19	超市	chāoshì	名	スーパーマーケット
20	抓	zhuā	動	つかむ, 握る
21	扶手	fúshǒu	名	手すり

岩田さんは今年のクリスマスの計画をたてているところですが，中国の若い人のクリスマスプレゼントについて，李美玲さんから面白い話を聞きました。

圣诞节 快 到 了，大街上 圣诞 的 气氛
Shèngdànjié kuài dào le, dàjiēshang Shèngdàn de qìfēn
已经 很 浓 了。我 去年 的 圣诞节 是 跟 家里人
yǐjīng hěn nóng le. Wǒ qùnián de Shèngdànjié shì gēn jiālirén
一起 过 的，今年 打算 跟 社团 的 朋友 一起
yìqǐ guò de, jīnnián dǎsuan gēn shètuán de péngyou yìqǐ
过。我们 说好 了，圣诞节 那 天 先 去 田中 家
guò. Wǒmen shuōhǎo le, Shèngdànjié nà tiān xiān qù Tiánzhōng jiā
做 饭、吃 饭，然后 再 交换 圣诞 礼物。我 还
zuò fàn、chī fàn, ránhòu zài jiāohuàn Shèngdàn lǐwù. Wǒ hái
没 想好 应该 送给 朋友 什么。李 美玲 建议
méi xiǎnghǎo yīnggāi sònggěi péngyou shénme. Lǐ Měilíng jiànyì
我 给 大家 做 个 蛋糕，这个 主意 听起来 也
wǒ gěi dàjiā zuò ge dàngāo, zhège zhǔyi tīngqǐlai yě
不错，我 要 好好儿 考虑考虑。听说 圣诞节 在
búcuò, wǒ yào hǎohāor kǎolùkaolù. Tīngshuō Shèngdànjié zài
中国 也 很 流行，过 圣诞节 的 主要 是
Zhōngguó yě hěn liúxíng, guò Shèngdànjié de zhǔyào shì
年轻人。朋友 之间 也 像 日本 一样 互送 礼物，
niánqīngrén. Péngyou zhījiān yě xiàng Rìběn yíyàng hùsòng lǐwù,
他们 送 的 礼物 中 有 一 种 很 有意思，
tāmen sòng de lǐwù zhōng yǒu yì zhǒng hěn yǒuyìsi,
就 是 苹果。你们 知道 这 是 为什么 吗？
jiù shì píngguǒ. Nǐmen zhīdao zhè shì wèishénme ma?

1 "是〜的"構文

(1) A：你 这 次 旅游 是 跟 谁 一起 去 的？
　　　Nǐ zhè cì lǚyóu shì gēn shéi yìqǐ qù de?

　　B：我 是 和 妈妈 一起 去 的。
　　　Wǒ shì hé māma yìqǐ qù de.

(2) 她 是 来 工作 的，不 是 来 玩儿 的。
　　Tā shì lái gōngzuò de, bú shì lái wánr de.

2 "先〜，然后（再）…"

(1) 你 先 写 作业，然后 再 去 玩儿。
　　Nǐ xiān xiě zuòyè, ránhòu zài qù wánr.

(2) 她 先 去 健身房 锻炼，然后 再 去 超市 买 菜。
　　Tā xiān qù jiànshēnfáng duànliàn, ránhòu zài qù chāoshì mǎi cài.

3 結果補語 動詞＋"好"

(1) 请 抓好 扶手。
　　Qǐng zhuāhǎo fúshǒu.

(2) 晚饭 已经 做好 了，快 来 吃 吧。
　　Wǎnfàn yǐjīng zuòhǎo le, kuài lái chī ba.

4 "〜起来" 方向補語の派生義

(1) 她 看起来 很 年轻。
　　Tā kànqǐlai hěn niánqīng.

(2) 这个 事 说起来 简单，做起来 难。
　　Zhège shì shuōqǐlai jiǎndān, zuòqǐlai nán.

これも大事！ "動詞＋"给"＋ひと"で表すモノのやり取り

"動詞＋"给"＋ひと"の形で使われる"给"は「モノが受取る側のひとに移動する」ことを表す結果補語の働きを担います。よく使われる動詞を「彼女に〜する」の形で見てみましょう。

| 送给她（贈る） | 寄给她（送る） | 写给她（書く） | 交给她（提出する・渡す） |
| sòng | jì | xiě | jiāo |

| 发给她（送信する） | 借给她（貸す） | 租给她（料金をとって貸す） |
| fā | jiè | zū |

頻出する動詞は限られるので，典型的な用例で覚えてしまいましょう。

　这 是 姐姐 送给 我 的 生日 礼物。（これは姉が私にくれた誕生日プレゼントです。）
　Zhè shì jiějie sònggěi wǒ de shēngrì lǐwù.

　那 是 李 老师 寄给 我 的 汉语 书。（あれは李先生が私に郵送してくれた中国語の本です。）
　Nà shì Lǐ lǎoshī jìgěi wǒ de Hànyǔ shū.

Lesson 練習問題

❶ 中国語の音声を聞いて、ピンインと簡体字で書き取り、日本語に訳しましょう。 DL 49 / CD 49

	ピンイン	中国語	日本語
(1)	_____	_____	_____
(2)	_____	_____	_____
(3)	_____	_____	_____

❷ 次の空欄を埋めるのに最も適当なものを，①〜④の中から1つ選び、全文を日本語に訳しましょう。

(1) 我是和妹妹一起去（　　）。　　　①的　②了　③着　④吧

　日本語 _____

(2) 这个主意听（　　）也不错。　　　①出来　②回来　③起来　④过来

　日本語 _____

(3) 听说圣诞节（　　）中国很流行。　①从　②是　③有　④在

　日本語 _____

❸ 日本語をヒントに，①〜④の語句を並べ替えて中国語の文を完成させましょう。

(1) 友だちの間でも日本と同じようにプレゼントをお互いに贈ります。

　朋友之间也 _____ _____ _____ _____ 礼物。　①像　②互送　③日本　④一样

(2) 私はみんなにケーキを作ってあげます。

　我 _____ _____ _____ _____ 蛋糕。　①大家　②个　③给　④做

(3) 今年私は友人と一緒にクリスマスを過ごすつもりです。

　今年我 _____ _____ _____ _____ 过圣诞节。　①朋友　②打算　③一起　④跟

❹ 次の日本語を中国語に訳して簡体字で書きましょう。

(1) ごはんがもう出来ましたよ，はやく食べに来なさい。　→ _____

(2) あなたは先に宿題をして，それから遊びに行きなさい。　→ _____

(3) これは見たところとても面白そうだ。　→ _____

❺ 中国語の音声を聞いて、問いに対する答えを書きましょう。　DL 50 / CD 50

(1) 【問】

　【答】 _____

(2) 【問】

　【答】 _____

第十一课 春节习俗

1. 日本と中国の文化の違いを比較して表現することができる。
2. "不是～吗"で反語「～ではないんですか」のニュアンスを表現することができる。

この課の語句   DL 51 / CD 51

	中国語	ピンイン		日本語
1	过年	guò nián	動	正月を迎える,正月を祝う
2	习俗	xísú	名	習俗,風俗習慣
3	春节	Chūnjié	名	春節,旧正月
4	冷清	lěngqing	形	ひっそりしている,活気がない
5	热闹	rènao	形	賑やかである
6	风俗	fēngsú	名	風俗,風習
7	贴	tiē	動	貼る
8	春联儿	chūnliánr	名	春聯,春節に門や入口に貼る対聯
9	放	fàng	動	(花火・爆竹を)ならす,点火する,する
10	鞭炮	biānpào	名	爆竹
11	逛	guàng	動	ぶらぶらする,見てまわる
12	庙会	miàohuì	名	(寺院や廟の)縁日
13	什么的	shénmede		～など,～等々
14	极了	jíle		(形容詞の後ろにつけて)とても,極めて,実に
15	一般	yìbān	副	一般的に,普通
16	荞麦	qiáomài	名	(穀物としての)そば,麺類のそばは"荞麦面条"
17	汤圆	tāngyuán	名	もち米でつくる餡入りの団子で茹で汁と一緒に食べる
18	年夜饭	niányèfàn	名	年越し料理,年越しの御馳走
19	假期	jiàqī	名	休暇期間,休みの期間
20	体验	tǐyàn	動	体験する,肌で感じる
21	意义	yìyì	名	意味,意義,価値
22	怎么	zěnme	代	なぜ,どうして
23	刚	gāng	副	～したばかりである
24	方便	fāngbiàn	形	便利である
25	刚才	gāngcái	名	たった今,ついさっき
26	讲演	jiǎngyǎn	名/動	講演／講演する
27	精彩	jīngcǎi	形	すばらしい,見事である
28	奶油	nǎiyóu	名	クリーム,生クリーム

新年を祝う習慣には，日本と中国とでは違いがあるようです。それぞれどのようにお正月を過ごすのでしょうか。

中国 过年 的 习俗 跟 日本 很 不 一样，
Zhōngguó guò nián de xísú gēn Rìběn hěn bù yíyàng,

日本人 过 元旦，中国人 过 春节。日本 的 新年
Rìběnrén guò Yuándàn, Zhōngguórén guò Chūnjié. Rìběn de xīnnián

很 冷清，中国 的 春节 比 日本 的 新年 热闹
hěn lěngqing, Zhōngguó de Chūnjié bǐ Rìběn de xīnnián rènao

多 了。中国人 过 春节 的 时候，有 很 多 风俗
duō le. Zhōngguórén guò Chūnjié de shíhou, yǒu hěn duō fēngsú

习惯，比如：贴 春联儿、放 鞭炮、逛 庙会 什么的，
xíguàn, bǐrú: tiē chūnliánr、fàng biānpào、guàng miàohuì shénmede,

大街上 热闹 极了。日本 过年 的 时候，一般 吃
dàjiēshang rènao jíle. Rìběn guò nián de shíhou, yìbān chī

荞麦 面条。中国人 过年 不 吃 面条，南方人 吃
qiáomài miàntiáo. Zhōngguórén guò nián bù chī miàntiáo, nánfāngrén chī

汤圆，北方人 吃 饺子。南方 和 北方 的 年夜饭
tāngyuán, běifāngrén chī jiǎozi. Nánfāng hé běifāng de niányèfàn

也 不 一样。
yě bù yíyàng.

我 打算 今年 春假 的 时候 去 中国 朋友
Wǒ dǎsuan jīnnián chūnjià de shíhou qù Zhōngguó péngyou

家 玩儿，感受 一下 中国 春节 的 气氛。利用
jiā wánr, gǎnshòu yíxià Zhōngguó Chūnjié de qìfen. Lìyòng

假期 体验 一下 不 同 国家 的 新年 文化 不
jiàqī tǐyàn yíxià bù tóng guójiā de xīnnián wénhuà bú

是 很 有 意义 吗？
shì hěn yǒu yìyì ma?

第十一课

1 "不是~吗?"

(1) 你 怎么 来 了, 你 不 是 今天 不 来 吗?
    Nǐ zěnme lái le, nǐ bú shì jīntiān bù lái ma?

(2) 你 怎么 又 饿 了, 你 不 是 刚 吃完 饭 吗?
    Nǐ zěnme yòu è le, nǐ bú shì gāng chīwán fàn ma?

2 "比~多了"

(1) 这个 比 那个 好 多 了。
    Zhège bǐ nàge hǎo duō le.

(2) 在 日本 坐 地铁 比 开 车 方便 多 了。
    Zài Rìběn zuò dìtiě bǐ kāi chē fāngbiàn duō le.

3 "~极了"

(1) 她 今天 高兴 极了。
    Tā jīntiān gāoxìng jíle.

(2) 刚才 他 的 讲演 精彩 极了。
    Gāngcái tā de jiǎngyǎn jīngcǎi jíle.

4 "什么的"

(1) 我 很 喜欢 那个 作家, 他 写 的 小说、
    Wǒ hěn xǐhuan nàge zuòjiā, tā xiě de xiǎoshuō、
    散文、诗 什么的 我 都 看过。
    sǎnwén、shī shénmede wǒ dōu kànguo.

(2) 这个 店 的 巧克力 蛋糕、水果 蛋糕、
    Zhège diàn de qiǎokèlì dàngāo、shuǐguǒ dàngāo、
    奶油 蛋糕 什么的,都 很 好吃。
    nǎiyóu dàngāo shénmede, dōu hěn hǎochī.

これも大事! お祝いの決まり文句・結婚の場合

世の中の様々な慶事には,決まったパターンのお祝いの文句がありますが,中国では,"结婚 jié hūn"の場面でも,スピーチからご祝儀袋の一筆まで,数多くの四字熟語・成語が使われます。

新郎新婦には:喜结良缘 xǐ jié liángyuán (良縁おめでとう)
　　　　　　　白头偕老 bái tóu xié lǎo (ともに白髪になるまで,末永く幸せに)
披露宴では: 恭贺新婚 gōnghè xīnhūn、新婚快乐 xīnhūn kuàilè (新婚おめでとう)

Lesson 練習問題

1 中国語の音声を聞いて，ピンインと簡体字で書き取り，日本語に訳しましょう。

　　　　　　ピンイン　　　　　　中国語　　　　　　日本語

(1) _____　_____　_____

(2) _____　_____　_____

(3) _____　_____　_____

2 次の空欄を埋めるのに最も適当なものを，①〜④の中から１つ選び、全文を日本語に訳しましょう。

(1) 你（　　）刚吃完饭吗？　　　　　　　①不过　②不但　③不是　④不用

　　日本語 _____

(2) 坐地铁比开车方便（　　）。　　　　　①极了　②多了　③好了　④有了

　　日本語 _____

(3) 日本人（　　）元旦，中国人（　　）春节。　①去　②在　③玩儿　④过

　　日本語 _____

3 日本語をヒントに，①〜④の語句を並べ替えて中国語の文を完成させましょう。

(1) 日本の習俗は中国とずいぶん違います。

　　日本的习俗 _____ _____ _____ _____。　①中国　②跟　③不一样　④很

(2) 年越しのときに街はとても賑やかです。

　　过年的时候 _____ _____ _____ _____。　①极了　②上　③热闹　④大街

(3) 中国人は年越しに麺を食べません。

　　中国人 _____ _____ _____ _____。　　　①吃　②面条　③过年　④不

4 次の日本語を中国語に訳して簡体字で書きましょう。

(1) 私はあなたに言ったでしょう。　　→ _____

(2) 私は中国の旧正月の雰囲気を感じてみたい。 → _____

(3) あの作家の書いた小説や散文など，私は全て読んだことがあります。

　　　　　　　　　　　　　　　　　→ _____

5 中国語の音声を聞いて，問いに対する答えを書きましょう。

(1) 【問】

　　【答】 _____

(2) 【問】

　　【答】 _____

第十二课 将来的工作

1. 将来の進路についての心づもりや悩みを表現することができる。
2. 可能補語を使って「できる、できない」を表現することができる。

この課の語句

 DL 56　CD 56

	中国語	ピンイン		日本語
1	发愁	fā chóu	動	悩む、気をもむ、心配する
2	最终	zuìzhōng	名	最終、とどのつまり、最後
3	确定	quèdìng	動	はっきり決める、確定する
4	～下来	~xiàlai		第12課ポイント3
5	原来	yuánlái	名	元々、当初、はじめ
6	当	dāng	動	(職業・役職などに)なる、つとめる、あたる
7	希望	xīwàng	動	希望する、望む
8	对～来说	duì~láishuō		～にとってみれば
9	决定	juédìng	動	決める、決定する
10	件	jiàn	量	事柄や文書・荷物・上着などを数える量詞
11	麻烦	máfan	形	わずらわしい
12	找	zhǎo	動	訪ねる、訪問する、会う（第2課）
13	商量	shāngliang	動	相談する、話し合う
14	烦恼	fánnǎo	名	悩み　動 思い悩む
15	办公室	bàngōngshì	名	オフィス、研究室、事務室
16	中药	zhōngyào	名	漢方薬
17	提	tí	動	(質問・意見・要求などを)出す、持ち出す

岩田さんは将来何をしたいのか，面白そうだと思う仕事はいくつかあるのですが，迷うばかりです。

新学期开始后我就要开始找工作了。
Xīn xuéqī kāishǐ hòu wǒ jiù yào kāishǐ zhǎo gōngzuò le.

我最近一直因为工作的事情发愁。因为
Wǒ zuìjìn yìzhí yīnwèi gōngzuò de shìqing fā chóu. Yīnwèi

我还没有最终确定下来要做什么工作。我
wǒ hái méiyou zuìzhōng quèdìngxiàlai yào zuò shénme gōngzuò. Wǒ

是学经济的，原来很想去贸易公司工作，
shì xué jīngjì de, yuánlái hěn xiǎng qù màoyì gōngsī gōngzuò,

假期里还去了几家公司实习。我很喜欢
jiàqīli hái qùle jǐ jiā gōngsī shíxí. Wǒ hěn xǐhuan

贸易公司的工作，但我现在对当老师也
màoyì gōngsī de gōngzuò, dàn wǒ xiànzài duì dāng lǎoshī yě

很感兴趣。我父母都是老师，他们都希望
hěn gǎn xìngqù. Wǒ fùmǔ dōu shì lǎoshī, tāmen dōu xīwàng

我当老师。是在公司工作，还是当老师，对
wǒ dāng lǎoshī. Shì zài gōngsī gōngzuò, háishi dāng lǎoshī, duì

现在的我来说，真的不好决定。将来的
xiànzài de wǒ láishuō, zhēnde bù hǎo juédìng. Jiānglái de

工作方向确定不下来是件很麻烦的事儿。
gōngzuò fāngxiàng quèdìngbuxiàlai shì jiàn hěn máfan de shìr.

我下个星期打算找老师商量一下，听听
Wǒ xià ge xīngqī dǎsuan zhǎo lǎoshī shāngliang yíxià, tīngting

老师的意见。你们也有什么烦恼吗？
lǎoshī de yìjiàn. Nǐmen yě yǒu shénme fánnǎo ma?

你们将来想做什么工作？
Nǐmen jiānglái xiǎng zuò shénme gōngzuò?

1　"找"　「さがす」以外の意味

(1) 你 明天 来 办公室 找 我 吧。
　　Nǐ míngtiān lái bàngōngshì zhǎo wǒ ba.

(2) 我 好 长 时间 没 去 找 他 聊天儿 了。
　　Wǒ hǎo cháng shíjiān méi qù zhǎo tā liáotiānr le.

2　可能補語

(1) 中药 太 苦 了，我 喝不下去。
　　Zhōngyào tài kǔ le, wǒ hēbuxiàqu.

(2) 我们 的 话，她 听得进去 吗？
　　Wǒmen de huà, tā tīngdejìnqu ma?

3　"～下来"の派生義　静止・固定・残存

(1) 他 的 工作 确定下来 了。
　　Tā de gōngzuò quèdìngxiàlai le.

(2) 你 留下来 吧，不要 走。
　　Nǐ liúxiàlai ba, búyào zǒu.

4　"不好～"

(1) 这个 菜 很 不 好 做。
　　Zhège cài hěn bù hǎo zuò.

(2) 你 刚才 提 的 问题 很 不 好 回答。
　　Nǐ gāngcái tí de wèntí hěn bù hǎo huídá.

これも大事！　中国の大学生の就活事情Ⅱ　人気の企業・業種

"公务员 gōngwùyuán（公務員）"と"老师 lǎoshī（教師，先生）"は日中ともに就きたい職業として不動の人気ですが，民間なら，日本では大手"银行 yínháng（銀行）"，二大"航空公司 hángkōng gōngsī（航空会社）"，"贸易公司 màoyì gōngsī（貿易会社，商社）"などが人気です。一方，中国では人文・教養系の学部の場合，"宜家 Yíjiā（IKEA）"や"迪士尼 Díshìní（ディズニー）"なども人気ですが，以下のような"ＩＴ情报 ITqíngbào（IT情報）"系の人気が突出しています。商学・ビジネス系では，"咨询 zīxún（コンサルティング）"系の会社も人気があります。

阿里巴巴（Alibaba アリババ）　　腾讯（Tencent テンセント）　　苹果（Apple アップル）
Ālǐbābā　　　　　　　　　　　　Téngxùn　　　　　　　　　　　Píngguǒ

谷歌（Google グーグル）　　　　百度（Baidu バイドゥ）　　　　华为（HUAWEI ファーウェイ）
Gǔgē　　　　　　　　　　　　　Bǎidù　　　　　　　　　　　　Huáwéi

Lesson 練習問題

1 中国語の音声を聞いて，ピンインと簡体字で書き取り，日本語に訳しましょう。

　　　　　　ピンイン　　　　　　　中国語　　　　　　　日本語

(1) ＿＿＿＿＿＿＿＿　＿＿＿＿＿＿＿＿　＿＿＿＿＿＿＿＿

(2) ＿＿＿＿＿＿＿＿　＿＿＿＿＿＿＿＿　＿＿＿＿＿＿＿＿

(3) ＿＿＿＿＿＿＿＿　＿＿＿＿＿＿＿＿　＿＿＿＿＿＿＿＿

2 次の空欄を埋めるのに最も適当なものを，①～④の中から１つ選び、全文を日本語に訳しましょう。

(1) 我在（　　）工作的事儿发愁。　　　①虽然　②所以　③但是　④因为

　　日本語 ＿＿＿＿＿＿＿＿＿＿＿＿＿＿＿＿＿＿＿＿＿＿＿

(2) 我（　　）动漫很感兴趣。　　　　　①对　②从　③在　④跟

　　日本語 ＿＿＿＿＿＿＿＿＿＿＿＿＿＿＿＿＿＿＿＿＿＿＿

(3) 你们有（　　）烦恼吗？　　　　　①怎么　②什么　③为什么　④哪儿

　　日本語 ＿＿＿＿＿＿＿＿＿＿＿＿＿＿＿＿＿＿＿＿＿＿＿

3 日本語をヒントに，①～④の語句を並べ替えて中国語の文を完成させましょう。

(1) 私は先生を訪ねてちょっと相談するつもりです。

　　我打算 ＿＿＿＿ ＿＿＿＿ ＿＿＿＿ ＿＿＿＿。　①找　②商量　③一下　④老师

(2) 私はもともと貿易会社に入って働きたかった。

　　我原来很 ＿＿＿＿ ＿＿＿＿ ＿＿＿＿ ＿＿＿＿。　①贸易公司　②去　③想　④工作

(3) この質問はとても答えづらいです。

　　这个 ＿＿＿＿ ＿＿＿＿ ＿＿＿＿ ＿＿＿＿。　①回答　②很　③问题　④不好

4 次の日本語を中国語に訳して簡体字で書きましょう。

(1) 両親ともに私が先生になることを望んでいます。　→ ＿＿＿＿＿＿＿＿＿＿＿＿＿

(2) あなたはこれを書きとめておいて下さい。　　　　→ ＿＿＿＿＿＿＿＿＿＿＿＿＿

(3) この薬は苦すぎて、私は飲み込めません。　　　　→ ＿＿＿＿＿＿＿＿＿＿＿＿＿

5 中国語の音声を聞いて，問いに対する答えを書きましょう。

(1) 【問】

　　【答】＿＿＿＿＿＿＿＿＿＿＿＿＿＿＿＿＿＿＿＿＿

(2) 【問】

　　【答】＿＿＿＿＿＿＿＿＿＿＿＿＿＿＿＿＿＿＿＿＿

第十二课

53

索引

この索引は，各課の「この課の語句」に示した語句を収録しています。

語彙	ピンイン	日本語	課

A

| 按时 | ànshí | 副 時間通りに，決められた時間に基づいて | 4課 |
| 安慰 | ānwèi | 動 慰める | 8課 |

B

把握	bǎwò	動 把握する，理解する	9課
搬	bān	動 運ぶ	2課
办公室	bàngōngshì	名 オフィス，研究室，事務室	12課
帮	bāng	動 手伝う，助ける，手助けする	2課
帮助	bāngzhù	動 助ける，手助けする	7課
报告	bàogào	名 報告，プレゼンテーション	9課
北京烤鸭	Běijīng kǎoyā	名 北京ダック	4課
比较	bǐjiào	副 わりと，比較的	3課
比赛	bǐsài	名 試合，ゲーム	6課
毕业	bì yè	動 卒業する	5課
遍	biàn	量 回（動作の回数）	9課
鞭炮	biānpào	名 爆竹	11課
表示	biǎoshì	動 〜の気持ちを表す	6課
不错	búcuò	形 なかなか良い，けっこうである	9課
不论〜都…	búlùn~dōu…	（接続詞で条件がどうであれ同じことになるのを表して）〜であれ，〜であろうが	4課
不用	búyòng	副 〜しなくてもよい	5課

C

藏书	cángshū	名 蔵書	4課
草莓	cǎoméi	名 苺	3課
尝	cháng	動 味見する，味わう	4課
超市	chāoshì	名 スーパーマーケット	10課
成熟	chéngshú	形 成熟している	7課
充实	chōngshí	形 充実している	7課
〜出来	chūlai	（方向補語として動作の完成と新しい事物の出現を表し）〜できる，〜出す	6課
春节	Chūnjié	名 春節，旧正月	11課
春联儿	chūnliánr	名 春聯，春節に門や入口に貼る対聯	11課

D

大街	dàjiē	名 大通り	10課
大龄青年	dàlíng qīngnián	三十歳前後の未婚者のこと	3課
打算	dǎsuan	助動 〜するつもりである	6課
		名 予定，心づもり	
带	dài	動 持つ，携帯する，身につける，持って行く	8課
单调	dāndiào	形 単調である，つまらない	3課
蛋糕	dàngāo	名 ケーキ	2課
担心	dān xīn	動 心配する，気にかける	6課

当	dāng	動 （職業・役職などに）なる，つとめる，あたる	12課
〜的话	~dehuà	助 〜ならば，〜したら	3課
地方	dìfang	名 場所，ところ	9課
读	dú	動 （声を出して）読む	9課
独生子女	dúshēngzǐnǚ	名 一人っ子	4課
锻炼	duànliàn	動 鍛える，エクササイズする	10課
对〜感兴趣	duì~gǎn xìngqù	〜に興味を感じる	1課
对〜来说	duì~láishuō	〜にとってみれば	12課

E

| 而 | ér | 接 かつ，〜にして〜 | 7課 |
| 而且 | érqiě | 接 しかも | 5課 |

F

发愁	fā chóu	動 悩む，気をもむ，心配する	12課
发现	fāxiàn	動 気づく，発見する	7課
翻译	fānyì	動 翻訳する	9課
烦恼	fánnǎo	名 悩み 動 思い悩む	12課
方便	fāngbiàn	形 便利である	11課
放	fàng	動 （花火・爆竹を）ならす，点火する，する	11課
放松	fàngsōng	動 リラックスする	6課
分	fēn	動 分ける，分割する	9課
风俗	fēngsú	名 風俗，風習	11課
幅	fú	量 （書画，地図などを数える量詞で）枚，幅	3課
扶手	fúshǒu	名 手すり	10課

G

感到	gǎndào	（動詞＋結果補語で）感じる，感じ取る	5課
感受	gǎnshòu	動 感じる，経験する	1課
刚	gāng	副 〜したばかりである	11課
刚才	gāngcái	名 たった今，ついさっき	11課
钢琴	gāngqín	名 ピアノ	8課
跟	gēn	介 〜と，〜に	7課
根据	gēnjù	介 〜に基づいて，〜によって	3課
工资	gōngzī	名 給料	2課
刮	guā	動 （風が）吹く	5課
光	guāng	形 （補語に用いて）し尽くす，〜してすっかり無くなる	3課
逛	guàng	動 ぶらぶらする，見てまわる	11課
规划	guīhuà	動 計画する，プランを立てる	8課
国门	guómén	名 国境	1課
过	guò	動 過ごす	7課
过年	guò nián	動 正月を迎える，正月を祝う	11課

H

还	hái	副 さらに	5課
		副 まだ	8課
还可以	hái kěyǐ	まあまあである	6課
好好儿	hǎohāor	副 しっかりと，ちゃんと	4課

54

号码	hàomǎ	名	番号	2課				**K**		
互送	hùsòng	動	お互いに交換する	10課	开阔	kāikuò	動	広くする，広げる	1課
互相	hùxiāng	副	お互いに	7課	开始	kāishǐ	動	～しはじめる	5課
换	huàn	動	交換する，替える	2課	开夜车	kāi yèchē		夜なべをする，徹夜する	5課
黄金周	huángjīnzhōu	名	ゴールデンウィーク	2課	刊登	kāndēng	動	掲載する	3課
会	huì	助動	～するのが得意・上手である	8課	考	kǎo	動	試験する，受験する，試験を受ける	6課
会～的	huì~de		～のはずだ	8課	考过	kǎoguò		(動詞＋結果補語で)試験に通る，合格する	6課
婚介	hūnjiè	名	結婚紹介	3課	考虑	kǎolǜ	動	考慮する，考える	10課
活动	huódòng	名	活動	8課	考试题	kǎoshìtí	名	試験問題	5課
					肯定	kěndìng	副	確かに，きっと，間違いなく	5課
		J			哭	kū	動	泣く	2課
几乎	jīhū	副	ほとんど，大体	7課	快～了	kuài~le		もうすぐ～である，もうすぐ～しそうだ	2課
极了	jíle		(形容詞の後ろにつけて)とても，極めて，実に	11課	快乐	kuàilè	形	楽しい，満ち足りている	7課
急忙	jímáng	形	慌ただしい，せわしい	1課			**L**		
集体	jítǐ	名	集団，グループ	7課	累	lèi	形	疲れている	2課
集训班	jíxùnbān	名	合宿クラス，合宿講習	6課	冷清	lěngqing	形	ひっそりしている，活気がない	11課
集中	jízhōng	動	集中する	6課	礼物	lǐwù	名	プレゼント，おみやげ	10課
家	jiā	量	店や会社などを数える	2課	利用	lìyòng	動	利用する，使う	4課
家里人	jiālirén	名	家の人，うちの人	10課	连	lián	介	("连…都"の形で)～さえも，～さえ	6課
加油	jiā yóu	動	がんばる	5課	联系	liánxì	動	連絡する，連絡をとる	8課
价格	jiàgé	名	価格，値段	7課	聊天儿	liáotiānr	動	おしゃべりをする，世間話をする	1課
假期	jiàqī	名	休暇期間，休みの期間	11課	罗莎	Luóshā	名	(イタリア人女性の名前で)ローサ	4課
驾驶	jiàshǐ	動	(乗り物を)運転する，操縦する	6課			**M**		
驾照	jiàzhào	名	運転免許証	7課	麻烦	máfan	形	わずらわしい	12課
架子	jiàzi	名	えらそうな態度，もったいぶったところ	3課	马上	mǎshàng	副	すぐに	5課
坚信	jiānxìn	動	堅く信じる	6課	卖	mài	動	売る	3課
建议	jiànyì	名	提案，アドバイス，提言	9課	魅力	mèilì	名	魅力	1課
		動	提案する，アドバイスする	9課	美食	měishí	名	美食，グルメ	3課
件	jiàn	量	事柄や文書・荷物・上着などを数える量詞	12課	庙会	miàohuì	名	(寺院や廟の)縁日	11課
健身房	jiànshēnfáng	名	スポーツジム，フィットネスクラブ	10課	民族学	mínzúxué	名	民族学	4課
讲课	jiǎng kè		授業をする	4課	慕斯	mùsī	名	ムース	3課
讲演	jiǎngyǎn	名	講演 動 講演する	11課			**N**		
交换	jiāohuàn	動	交換する	4課	拿	ná	動	取る，持つ，手に取る	1課
交朋友	jiāo péngyou		友達になる，友達付き合いする	1課	奶油	nǎiyóu	名	クリーム，生クリーム	11課
结束	jiéshù	動	終わる，終了する	7課	难以忘怀	nányǐwànghuái		(成語)忘れ難い	7課
紧张	jǐnzhāng	形	緊張している	5課	年夜饭	niányèfàn	名	年越し料理，年越しの御馳走	11課
进行	jìnxíng	動	おこなう，進行する	6課	浓	nóng	形	濃い	10課
精彩	jīngcǎi	形	すばらしい，見事である	11課			**P**		
经常	jīngcháng	副	いつも，しょっちゅう	1課	跑步	pǎo bù		ジョギングする	4課
经历	jīnglì	名	体験，経験	7課	佩服	pèifu	動	感心する，感服する	8課
就	jiù	副	(前の仮定"～的话"を受けて)すぐに	3課	批评	pīpíng	動	注意する，叱る，意見する	5課
		副	ほかでもなく～	10課					
觉得	juéde	動	思う，感じる	6課					
决定	juédìng	動	決める，決定する	12課					

| 漂亮 | piàoliang | 形 | きれいである，美しい | 1課 |
| PPT | PPT | 名 | パワーポイント | 9課 |

Q

期间	qījiān	名	期間	4課
企业	qǐyè	名	企業	8課
气氛	qìfen	名	雰囲気，気分，空気	10課
墙	qiáng	名	壁，塀	3課
巧克力	qiǎokèlì	名	チョコレート	6課
荞麦	qiáomài	名	(穀物としての)そば，麺類のそばは"荞麦面条"	11課
亲手	qīnshǒu	副	自分で，自ら，自分の手で	3課
轻松	qīngsōng	形	気軽である，リラックスしている	2課
请教	qǐngjiào	動	教えを乞う	9課
取消	qǔxiāo	動	取り消す，廃止する，キャンセルする	4課
取得	qǔdé	動	とる，獲得する，勝ち取る，取得する	5課
全天开门	quántiān kāimén		終日オープン	4課
确定	quèdìng	動	はっきり決める，確定する	12課

R

然后	ránhòu	副	("先…然后(再)"の形で)まず～してそれから	10課
染	rǎn	動	染める	7課
热闹	rènao	形	賑やかである	11課
认真	rènzhēn	形	まじめである，いい加減ではない	5課

S

删掉	shāndiào	動	削除する	9課
商量	shāngliang	動	相談する，話し合う	12課
伤心	shāng xīn	動	傷つく，悲しい思いをする	5課
上	shàng	動	(学校や職場に)通う	1課
上课铃	shàngkèlíng	名	始業ベル	1課
社团	shètuán	名	部活動，サークル	5課
摄影	shèyǐng	動	撮影，写真を撮ること	1課
身边	shēnbiān	名	身のまわり	8課
什么的	shénmede		～など，～等々	11課
圣诞节	Shèngdànjié	名	クリスマス	10課
视野	shìyě	名	視界，視野	1課
受欢迎	shòu huānyíng		人気がある，歓迎される	3課
舒服	shūfu	形	気分が良い，快適である	5課
熟	shú	形	親しい，昵懇の間柄である	7課
刷牙	shuā yá		歯を磨く	2課
说	shuō	動	叱る，意見する，説教する	5課
说好	shuōhǎo		(動詞+結果補語)約束する，きちんと話を決める	10課
虽然～但…	suīrán~dàn…		(接続詞で譲歩を表して)～だけれども	3課

| 所以 | suǒyǐ | 接 | だから | 8課 |

T

态度	tàidu	名	態度	5課
弹	tán	動	弾く	8課
汤圆	tāngyuán	名	もち米でつくる餡入りの団子で茹で汁と一緒に食べる	11課
逃	táo	動	逃げる，逃れる	8課
讨论	tǎolùn	動	討論する	8課
特别	tèbié	副	ことのほか，特に	2課
特色	tèsè	名	(人・物に備わっている)特色	3課
提	tí	動	(質問・意見・要求などを)出す，持ち出す	12課
体验	tǐyàn	動	体験する，肌で感じる	11課
贴	tiē	動	貼る	11課
听起来	tīngqǐlai		聞いたところでは～のようだ	10課
听取	tīngqǔ	動	聴取する，耳を傾ける	9課
听说	tīng shuō	動	聞くところによると～だそうだ	4課
头发	tóufa	名	髪の毛	7課
托～福	tuō~fú	動	～のおかげで，おかげを被る	3課

W

网购	wǎnggòu	名/動	インターネット通販，ネットで買物をする	3課
网站	wǎngzhàn	名	(インターネットの)サイト	2課
为	wèi	介	～のために	3課
味道	wèidao	名	味	4課
为了	wèile	介	(目的を表して)～のために，～するために	5課

X

习惯	xíguàn	動	慣れる	8課
喜好	xǐhào	名	好み	3課
希望	xīwàng	動	希望する，望む	12課
习俗	xísú	名	習俗，風俗習慣	11課
～下来	~xiàlai		第12課ポイント3	12課
响	xiǎng	動	鳴る	1課
想	xiǎng	助動	～したい	6課
向	xiàng	介	～に，～に対して	6課
像～一样	xiàng~yíyàng		まるで～のようである	7課
像～这样	xiàng~zhèyàng		～のような(こんな感じの)	8課
消息	xiāoxi	名	知らせ，ニュース	5課
小组	xiǎozǔ	名	グループ	8課
小组长	xiǎozǔzhǎng	名	グループリーダー	2課
行动	xíngdòng	動	行動する	7課
修改	xiūgǎi	動	直す，手を入れる	9課
学哥	xuégē	名	(男性の)先輩	8課
学姐	xuéjiě	名	(女性の)先輩	8課
学问	xuéwèn	名	学問，学識	3課

Y

| 严 | yán | 形 | 厳しい，厳格である | 5課 |

演示	yǎnshì	動	実演する，デモンストレーションする	9課	
要	yào	助動	～しなければならない	5課	
要～了	yào~le		（近い将来を表して）まもなく～になる	5課	
一般	yìbān	副	一般的に，ふつう	11課	
一点儿都～	yìdiǎnr dōu~		少しも～	5課	
一定	yídìng	副	きっと，必ず	6課	
一天实习	yìtiānshíxí	名	1dayインターンシップ	8課	
一些	yìxiē	量	いくらかの，少しの	9課	
一直	yìzhí	副	ずっと，まっすぐ，絶え間なく	2課	
以为	yǐwéi	動	思う，考える（多くの場合で事実とは異なる）	5課	
意大利	Yìdàlì	名	イタリア	4課	
意义	yìyì	名	意味，意義，価値	11課	
因为	yīnwèi	接	～のために，～なので，～だから	5課	
应该	yīnggāi	助動	～のはずである	6課	
		助動	～すべきである	10課	
园地	yuándì	名	様々な活動のための場所，コモンズ	9課	
原来	yuánlái	名	元々，当初，はじめ	12課	
越来越	yuèláiyuè		ますます	6課	
月票	yuèpiào	名	定期券	2課	

Z

怎么	zěnme	代	なぜ，どうして	11課	
怎么样	zěnmeyàng	代	どのような，どうですか	7課	
招工	zhāo gōng	動	従業員を募集する	2課	
招人	zhāo rén		人を募る，人を募集する	2課	
找	zhǎo	動	さがす	2課	
找	zhǎo	動	訪ねる，訪問する，会う	12課	
照常	zhàocháng	副	普段と同じように，いつも通りに	6課	
照顾	zhàogù	動	考慮する，配慮する，気を配る，世話する	8課	
真的	zhēnde	副	本当に	8課	
政策	zhèngcè	名	政策	4課	
执照	zhízhào	名	許可証，免許証	6課	
种	zhǒng	量	種，種類	3課	
种类	zhǒnglèi	名	種類	3課	
中药	zhōngyào	名	漢方薬	12課	
终于	zhōngyú	副	ついに，とうとう	6課	
周游	zhōuyóu	動	周遊する，ぐるっと見て回る	3課	
主要	zhǔyào	副	主に	10課	
主意	zhǔyi	名	考え，アイデア	10課	
抓	zhuā	動	つかむ，握る	10課	
专门	zhuānmén	副	わざわざ，もっぱら	6課	
专业	zhuānyè	名	（大学での）専攻・専門	1課	
赚钱	zhuàn qián	動	金を儲ける	8課	
自我介绍	zìwǒ jièshào		自己紹介	1課	
最	zuì	副	最も，一番，この上なく	3課	
最好	zuìhǎo	副	～するのが最もよい，～した方がよい	9課	
最终	zuìzhōng	名	最終，とどのつまり，最後	12課	
做好	zuòhǎo		（動詞＋結果補語で），（満足のいく状態に）仕上げる，完成させる	9課	
作业	zuòyè	名	宿題	10課	

第1課 Drill ドリル

学籍番号 ＿＿＿＿＿＿＿　名前 ＿＿＿＿＿＿＿＿＿＿＿＿＿＿＿

1 次の語句の音声を聞いて，発音しましょう。　　　DL 61／CD 61

① 经济学：jīngjìxué 経済学
② 经营学：jīngyíngxué 経営学
③ 文学：wénxué 文学
④ 理工学：lǐgōngxué 理工学
⑤ 社会学：shèhuìxué 社会学
⑥ 做运动：zuò yùndòng エクササイズする
⑦ 跳舞：tiào wǔ ダンスをする
⑧ 打游戏：dǎ yóuxì ゲームをする
⑨ 唱卡拉ＯＫ：chàng kǎlāOK カラオケをする
⑩ 上网：shàng wǎng インターネットをする

2 音声を聞き取って，流れてきた順に番号をふりましょう。　DL 62／CD 62

（　）経済学　　　　　　（　）エクササイズする
（　）経営学　　　　　　（　）ダンスをする
（　）文学　　　　　　　（　）ゲームをする
（　）理工学　　　　　　（　）カラオケをする
（　）社会学　　　　　　（　）インターネットをする

3 問 **1** , **2** で学習した語句を使って会話文を完成させましょう。

A: 你　现在　上　几　年级？
　　Nǐ　xiànzài shàng jǐ　niánjí?

B: 我 现在 上 ＿＿＿＿＿ 年级。我 叫 ＿＿＿＿＿＿＿。我 的 专业 是 ＿＿＿＿＿。你 呢？
　　Wǒ xiànzài shàng　　　　niánjí. Wǒ jiào　　　　　. Wǒ de zhuānyè shì　　　　　. Nǐ ne?
　　　　　　　　　　　　　　　　　　　　　　　　　　　　　　　　　（学年，専攻，名前）

A: 我 叫 ＿＿＿＿＿＿＿。我 现在 上 ＿＿＿＿＿ 年级。我 的 专业 是 ＿＿＿＿＿。
　　Wǒ jiào　　　　　. Wǒ xiànzài shàng　　　　niánjí. Wǒ de zhuānyè shì　　　　　.

　　没 有 课 的 时候，你 经常 做 什么？
　　Méi yǒu kè de shíhou, nǐ jīngcháng zuò shénme?

B: 我 对 ＿＿＿＿＿ 感 兴趣。我 经常 ＿＿＿＿＿＿＿＿＿＿。
　　Wǒ duì　　　　　gǎn xìngqù. Wǒ jīngcháng
　　　　　　　　　　　　　　　　　　　　　（興味のあること，それに関連して何をするか）

A: 我 也 喜欢 ＿＿＿＿＿＿。你 现在 有 时间 吗？我们 去 ＿＿＿＿＿＿＿＿ 吧。
　　Wǒ yě xǐhuan　　　　　. Nǐ xiànzài yǒu shíjiān ma? Wǒmen qù　　　　　ba.
　　　　　　　　　　　　　　　　　　　　　　　　　（興味のあること，それに関連した場所）

B: 好 吧。我们 走 吧。
　　Hǎo ba. Wǒmen zǒu ba.

4 次の中国語の文の（　）に適語を入れて，日本語に訳しましょう。

1. 我（　）法律很感兴趣。　＿＿＿＿＿＿＿＿＿＿＿＿＿＿＿＿＿＿＿
　　［ 和　对　从　在 ］

2. 请大家拿（　）词典来。　＿＿＿＿＿＿＿＿＿＿＿＿＿＿＿＿＿＿＿
　　［ 进　在　走　出 ］

新出語句　法律 fǎlǜ [名] 法律

5 次の日本語の意味になるように，中国語の文の [ ] の語を入れ替えましょう。

1. わたしはスーパーへ果物を買いに行きます。
   我 [买　超市　水果　去]。 我 _____ _____ _____ _____ 。

2. うちの家は学校からとても近い。
   我家 [很　离　近　学校]。 我家 _____ _____ _____ _____ 。

新出語句　超市 chāoshì 名 スーパー，水果 shuǐguǒ 名 果物

6 次の日本語をもとに，隣の人に日本語でインタビューして下線部を補い，中国語に翻訳して，紹介してみましょう。

みなさん，こんにちは。[彼・彼女] は _____ さんです。(名前)

[彼・彼女] はいま大学 ____ 年生で，(学年)

_____ が専門です。(専攻)

[彼・彼女] は _____ に興味があって，(興味)

私たちはよく _____ 。(興味に関連して，どこに行き何をするか)

Step. 1　大家好。(他・她) 叫 _____ 。

Step. 2　(他・她) 现在 _____ 。

Step. 3　(他・她) 的专业是 _____ 。

Step. 4　(他・她) 对 _____ 很感兴趣。

Step. 5　(他・她) 经常 _____ 。

7 問 **6** で学習した紹介文を参考に，中国語で自分についても紹介してみましょう。

Step. 1　大家好。我叫 _____ 。

Step. 2　我现在 _____ 。

Step. 3　我的专业是 _____ 。

Step. 4　我对 _____ 很感兴趣。

Step. 5　我经常 _____ 。

第2課 Drill ドリル

学籍番号 ＿＿＿＿＿＿＿＿　名前 ＿＿＿＿＿＿＿＿＿＿＿＿＿＿＿＿

1 次の語句の音声を聞いて，発音しましょう。　　　　　　DL 63／CD 63

① 黄金周：huángjīnzhōu　ゴールデンウィーク
② 春假：chūnjià　春休み
③ 暑假：shǔjià　夏休み
④ 寒假：hánjià　冬休み
⑤ 快餐店：kuàicāndiàn　ファストフード店
⑥ 私塾：sīshú　塾
⑦ 书店：shūdiàn　本屋
⑧ 居酒屋：jūjiǔwū　居酒屋
⑨ 游乐园：yóulèyuán　テーマパーク
⑩ 出纳台：chūnàtái　図書館のカウンター

2 音声を聞き取って，流れてきた順に番号をふりましょう。　　　DL 64／CD 64

（　）ゴールデンウィーク　　　（　）塾
（　）春休み　　　　　　　　（　）本屋
（　）夏休み　　　　　　　　（　）居酒屋
（　）冬休み　　　　　　　　（　）テーマパーク
（　）ファストフード店　　　（　）図書館のカウンター

3 問 **1**，**2** で学習した語句を使って会話文を完成させましょう。

A：＿＿＿＿＿＿　你 有 什么 打算？（時を表すことば）
　　　　　　　nǐ yǒu shénme dǎsuan?

B：我 打算 在 ＿＿＿＿＿＿ 换 一 个 新 工作。（同上）
　Wǒ dǎsuan zài　　　　　huàn yí ge xīn gōngzuò.

A：你 现在 在 哪儿 打工？
　Nǐ xiànzài zài nǎr dǎ gōng?

B：我 现在 在 ＿＿＿＿＿＿＿＿＿，但 ＿＿＿＿＿＿＿＿＿＿。
　Wǒ xiànzài zài　　　　　　　　, dàn　　　　　　　　　．
　　　　　　　　　　　　　　　　　　　　　　（職場，問題点や不満）

A：你 想 找 什么样 的 工作？
　Nǐ xiǎng zhǎo shénmeyàng de gōngzuò?

B：＿＿＿＿＿＿ 正在 招人，我 想 去 那儿 打工。（別の職場）
　　　　　　zhèngzài zhāo rén, wǒ xiǎng qù nàr dǎ gōng.

4 次の中国語の文の（　）に適語を入れて，日本語に訳しましょう。

1. 我今天（　）开车。　　日本語 ＿＿＿＿＿＿＿＿＿＿＿＿＿＿＿＿＿
　［ 会　在　能　行 ］

2. 你的课本找（　）了吗？　日本語 ＿＿＿＿＿＿＿＿＿＿＿＿＿＿＿＿
　［ 完　见　有　到 ］

5 次の日本語の意味になるように，中国語の文の [ ] の語を入れ替えましょう。

1. わたしはあるコンビニでアルバイトをしてます。

 我现在 [一家　在　打工　便利店]。

 我现在 _____ _____ _____ _____ 。

2. あなたは電話番号を彼に教えてはいけません。

 你别 [电话号码　他　告诉　把]。

 你别 _____ _____ _____ _____ 。

6 次の日本語をもとに，隣の人に日本語でインタビューして下線部を補い，中国語に翻訳して，紹介してみましょう。

もうすぐ _____ です。（イベント・休暇など）

_____ さんは，_____ のあいだに，（名前）（いつ）

_____ するつもりです。（内容）

[彼・彼女]は _____ するのが好きなので，

_____ に行って _____ したいのです。

Step. 1　快 _____ 了。

Step. 2　_____ 在 _____ 期间，

　　　　打算 _____ 。

Step. 3　（他・她）喜欢 _____ ，

　　　　去 _____ _____ 。

新出語句　期间 qījiān 名 期間

7 問6で学習した紹介文を参考に，中国語で自分についても紹介してみましょう。

Step. 1　快 _____ 了。

Step. 2　_____ 在 _____ 期间，

　　　　打算 _____ 。

Step. 3　我喜欢 _____ ，

　　　　去 _____ _____ 。

第3課 Drill ドリル

学籍番号 _____ 名前 _____

1 次の語句の音声を聞いて，発音しましょう。 DL 65 / CD 65

① 面包店：miànbāodiàn パン屋
② 做法式面包：フランス流のパンを作る
　 zuò Fǎshì miànbāo
③ 做牛角面包：クロワッサンを作る
　 zuò niújiǎo miànbāo
④ 意大利餐厅：イタリアンレストラン
　 Yìdàlì cāntīng
⑤ 做比萨饼：ピザを作る
　 zuò bǐsà bǐng
⑥ 饺子店：jiǎozidiàn ギョーザ屋
⑦ 包饺子：ギョーザを作る
　 bāo jiǎozi
⑧ 咖啡馆：カフェ
　 kāfēiguǎn
⑨ 煮咖啡：（パーコレーターで）コーヒーをいれる
　 zhǔ kāfēi
⑩ 冲咖啡：（サイフォンで）コーヒーをいれる
　 chōng kāfēi

2 音声を聞き取って，流れてきた順に番号をふりましょう。 DL 66 / CD 66

（　）パン屋　　　　　　　　　　（　）ギョーザ屋
（　）フランス流のパンを作る　　（　）ギョーザを作る
（　）クロワッサンを作る　　　　（　）カフェ
（　）イタリアンレストラン　　　（　）（パーコレーターで）コーヒーをいれる
（　）ピザを作る　　　　　　　　（　）（サイフォンで）コーヒーをいれる

3 問 **1**, **2** で学習した語句を使って会話文を完成させましょう。

A：我　最近　找到了　一　个 _____ 的　工作。（店）
　　Wǒ　zuìjìn　zhǎodàole　yí　ge　　　　　　de　gōngzuò.

B：这　家 / 那　家 _____ 在　哪儿？（店）
　　Zhè　jiā / Nà　jiā　　　　　　zài　nǎr?

A：这　家 / 那　家 _____ 在 _____ 。（場所）
　　Zhè　jiā / Nà　jiā　　　　　　zài　　　　　　 .

B：_____ 的　地铁站　附近　的 _____ 吗？（場所）（店名）
　　　　　　de　dìtiězhàn　fùjìn　de　　　　　　ma?

A：对。这　家 / 那　家 _____ 的 _____ 很　受　欢迎。
　　Duì. Zhè　jiā / Nà　jiā　　　　　de　　　　　　hěn　shòu huānyíng.

B：我　很　想　去 _____ 。（"去"で始まる連動文で表現）
　　Wǒ　hěn　xiǎng　qù　　　　　　　　　 .

4 次の中国語の文の（ ）に適語を入れて，日本語に訳しましょう。

1. 电影杂志（　）经常介绍那个演员。　　日本語 _____
　[　上　里　下　面　]

2. 现在那个电影很（　）欢迎。　　　　　日本語 _____
　[　有　受　给　到　]

新出語句　演员 yǎnyuán [名] 俳優

63

5 次の日本語の意味になるように，中国語の文の［　］の語を入れ替えましょう。

1. あの店のパオズは小さくて不味い。

   那个店的包子 [　不好吃　而且　不但　小　]。

   那个店的包子 _____ _____ _____ _____ 。

2. あなたは今日時間がないなら，明日来なさい。

   你 [　的话　今天　时间　没有　]，就明天去吧。

   你 _____ _____ _____ _____ ，就明天去吧。

6 次の日本語をもとに，隣の人に日本語でインタビューして下線部を補い，中国語に翻訳して，紹介してみましょう。

_____ さんは最近，_____ な _____ 店を見つけました。

（名前，特徴，何の店（業種））

その店の _____ はとても流行っています。（商品）

_____ は _____ だけでなく _____ です。

（商品，特徴1，特徴2）

私はその店で _____ したいと思っています。（したいこと）

Step. 1 _____ 最近找到了 _____ 的 _____ 店。

Step. 2 （这个・那个）店的 _____ 很受欢迎。

Step. 3 _____ 不但 _____ 而且 _____ 。

Step. 4 （他・她）很想在 _____ 。

7 問 **6** で学習した紹介文を参考に，中国語で自分についても紹介してみましょう。

Step. 1　我最近找到了 _____ 的 _____ 店。

Step. 2　（这个・那个）店的 _____ 很受欢迎。

Step. 3　_____ 不但 _____ 而且 _____ 。

Step. 4　我很想在 _____ 。

第4課 Drill ドリル

学籍番号 _____ 名前 _____

1 次の語句の音声を聞いて、発音しましょう。 🎧 DL 67 / 💿 CD 67

① 英国：Yīngguó イギリス
② 伦敦：Lúndūn ロンドン
③ 剑桥：Jiànqiáo ケンブリッジ
④ 牛津：Niújīn オックスフォード
⑤ 德国：Déguó ドイツ
⑥ 法兰克福：Fǎlánkèfú フランクフルト
⑦ 美国：Měiguó アメリカ
⑧ 哈佛大学：Hāfó dàxué ハーバード大学
⑨ 东亚研究中心：Dōngyà yánjiū zhōngxīn 東アジア研究センター
⑩ 学生活动中心：xuéshēng huódòng zhōngxīn 学生活動センター

2 音声を聞き取って、流れてきた順に番号をふりましょう。 🎧 DL 68 / 💿 CD 68

( ) イギリス   ( ) フランクフルト
( ) ロンドン   ( ) アメリカ
( ) ケンブリッジ   ( ) ハーバード大学
( ) オックスフォード ( ) 東アジア研究センター
( ) ドイツ   ( ) 学生活動センター

3 問**1**,**2**で学習した語句を使って会話文を完成させましょう。

A: 我 最近 认识了 一 个 外国 留学生。
　　Wǒ zuìjìn rènshile yí ge wàiguó liúxuéshēng.

B: 他 / 她 是 从 哪个 国家 来 的？
　　Tā shì cóng nǎge guójiā lái de?

A: 他 / 她 是 从 _____ 来 的，是 _____ 大学 的 ____ 年级 的 学生。
　　Tā shì cóng　　　lái de, shì　　　dàxué de　　niánjí de xuésheng.
　　　　　　　　　　　　　　　　　　　（どこから，大学名，学年）

B: 他 / 她 的 专业 是 什么？
　　Tā de zhuānyè shì shénme?

A: 他 / 她 的 专业 是 _____ 。（専攻）
　　Tā de zhuānyè shì　　　.

　　他 / 她 知道 我们 大学 的 _____ 很 有名。（施設，特徴など）
　　Tā zhīdao wǒmen dàxué de　　　hěn yǒumíng.

B: 那 你 再 给 他 / 她 介绍介绍 _____ 吧。（施設など）
　　Nà nǐ zài gěi tā jièshàojieshao　　　ba.

4 次の中国語の文の（ ）に適語を入れて、日本語に訳しましょう。

1. 你（ ）什么时候来都可以。　日本語 _____
　　［ 因为　虽然　如果　不论 ］

2. 这个便利店（ ）食堂一样全天开门。
　　［ 和　从　在　到 ］　日本語 _____

65

5 次の日本語の意味になるように，中国語の文の [ ] の語を入れ替えましょう。

1. あなたはしっかり試験の準備をしなければならない。

   你 [好好儿　考试　准备　要]。　　你 _____ _____ _____ _____ 。

2. 私は明日彼女を中国映画に招待する。

   我明天 [她　中国电影　看　请]。

   我明天 _____ _____ _____ _____ 。

6 次の日本語をもとに，隣の人に日本語でインタビューして下線部を補い，中国語に翻訳して，紹介してみましょう。

最近，_____ さんは _____ から来た留学生と知り合いました。

その留学生は名前を _____ と言います。（名前，出身地，留学生の名前）

[彼・彼女]は _____ に _____ を紹介しました。（留学生の名前，大学内の施設）

_____ は _____ にあります。（大学内の施設，所在地）

[彼・彼女]は明日 _____ と一緒に _____ に行くつもりです。
（留学生の名前，大学内の施設）

Step. 1　最近，_____ 认识了一个从 _____ 来的留学生。

Step. 2　这个留学生叫 _____ 。

Step. 3　（他・她）给 _____ 介绍了 _____ 。

Step. 4　_____ 在 _____ 。

Step. 5　（他・她）明天和 _____ 一起去 _____ 。

7 問 **6** で学習した紹介文を参考に，中国語で自分についても紹介してみましょう。

Step. 1　最近，_____ 认识了一个从 _____ 来的留学生。

Step. 2　这个留学生叫 _____ 。

Step. 3　我给 _____ 介绍了 _____ 。

Step. 4　_____ 在 _____ 。

Step. 5　我明天和 _____ 一起去 _____ 。

第5課 Drill ドリル

学籍番号 _____ 名前 _____

1 次の語句の音声を聞いて，発音しましょう。　DL 69　CD 69

① 足球队：サッカー部
　　zúqiú duì
② 篮球队：lánqiú duì バスケットボール部
③ 剑道队：jiàndào duì 剣道部
④ 游泳队：yóuyǒng duì 水泳部
⑤ 音乐社：yīnyuè shè 音楽サークル
⑥ 国际交流社：国際交流サークル
　　guójì jiāoliú shè
⑦ 电影社：diànyǐng shè 映画サークル
⑧ 辩论社：biànlùn shè 弁論部
⑨ 心理学概论：xīnlǐxué gàilùn 心理学概論
⑩ 商务英语：shāngwù Yīngyǔ ビジネスイングリッシュ

2 音声を聞き取って，流れてきた順に番号をふりましょう。　DL 70　CD 70

（　）サッカー部　　　　　　（　）国際交流サークル
（　）バスケットボール部　　（　）映画サークル
（　）剣道部　　　　　　　　（　）弁論部
（　）水泳部　　　　　　　　（　）心理学概論
（　）音楽サークル　　　　　（　）ビジネスイングリッシュ

3 問 **1**，**2** で学習した語句を使って会話文を完成させましょう。

A: 最近 因为 _____ 的 事情 很 忙，我 把 考试 的 事儿 忘 了。
　　Zuìjìn yīnwèi　　　　　de shìqing hěn máng, wǒ bǎ kǎoshì de shìr wàng le.
　　　　　　　　　　　　　　　　　　　　　　　　　　　　（原因・理由）

B: 今年 的 _____ 老师 很 严。（科目）
　　Jīnnián de　　　　　lǎoshī hěn yán.

A: 那，考试题 肯定 也 很 难 吧。
　　Nà, kǎoshìtí kěndìng yě hěn nán ba.

B: 现在 离 考试 只 有 _____ 了。（日数）
　　Xiànzài lí kǎoshì zhǐ yǒu　　　　le.

A: 我 还 一点儿 都 没 准备 呢。
　　Wǒ hái yìdiǎnr dōu méi zhǔnbèi ne.

B: 你 应该 好好儿 _____ 。（やるべきこと）
　　Nǐ yīnggāi hǎohāor　　　　　.

4 次の中国語の文の（　）に適語を入れて，日本語に訳しましょう。

1. 我（　　）也不想学英语。　日本語 _____
　　［ 一下　一点儿　一些　有点儿 ］

2. 我每天一回家（　　）洗手。日本語 _____
　　［ 才　就　都　已经 ］

5 次の日本語の意味になるように，中国語の文の［ ］の語を入れ替えましょう。

1. あなた，ちょっと具合が悪いんじゃないの。

   你 ［ 不　是不是　舒服　有点儿 ］？　你 _____ _____ _____ _____ ？

2. わたしは先週部長に注意されました。

   我 ［ 部长　被　批评　上星期 ］了。

   我 _____ _____ _____ _____ 了。

6 次の日本語をもとに，隣の人に日本語でインタビューして下線部を補い，中国語に翻訳して，紹介してみましょう。

最近 _____ のことでわりと忙しくて，（理由や内容）

_____ さんは期末試験のことを忘れていました。（名前）

だから，［彼・彼女］さんは _____ に注意されました。（注意した人の名前）

_____ は［彼・彼女］が _____ だと注意しました。

（注意した人の名前，その内容）

［彼・彼女］は _____ つもりです。（心積もり）

Step. 1　最近为了比较 _____ 忙，_____ 忘了期末考试的事情。

Step. 2　所以，（他・她）被 _____ 批评了。

Step. 3　_____ 批评（他・她）_____，

Step. 4　（他・她）打算 _____ 。

7 問6学習した紹介文を参考に，中国語で自分についても紹介してみましょう。

Step. 1　最近为了比较 _____ 忙，我忘了期末考试的事情。

Step. 2　所以，我被 _____ 批评了。

Step. 3　_____ 批评我 _____ ，

Step. 4　我打算 _____ 。

第6課 Drill ドリル

学籍番号 _____ 名前 _____

1 次の語句の音声を聞いて，発音しましょう。 DL 71 / CD 71

① 还可以：hái kěyǐ まあまあ
② 非常好：fēicháng hǎo 非常に良い
③ 不错：búcuò なかなか良い
④ 比上次好：bǐ shàng cì hǎo 前回よりも良い
⑤ 比上次好多了：前回よりもずっと良い
　　bǐ shàng cì hǎo duō le
⑥ 喝啤酒：hē píjiǔ ビールを飲む
⑦ 去音乐节：qù yīnyuèjié 音楽フェスに行く
⑧ 吃烤肉：chī kǎoròu 焼肉を食べる
⑨ 看电影：kàn diànyǐng 映画をみる
⑩ 泡温泉：pào wēnquán 温泉に入る

2 音声を聞き取って，流れてきた順に番号をふりましょう。 DL 72 / CD 72

（　）まあまあ　　　　　　　　（　）ビールを飲む
（　）非常に良い　　　　　　　（　）音楽フェスに行く
（　）なかなか良い　　　　　　（　）焼肉を食べる
（　）前回よりも良い　　　　　（　）映画をみる
（　）前回よりもずっと良い　　（　）温泉に入る

3 問 **1**，**2** で学習した語句を使って会話文を完成させましょう。

A：_____ 考试　终于　考完　了。（試験の科目・種類）
　　　　　　 kǎoshì zhōngyú kǎowán le.

B：你　觉得　这　次　考得　好　吗？
　　Nǐ juéde zhè cì kǎode hǎo ma?

A：我　觉得　这　次　考得　_____ 。
　　Wǒ juéde zhè cì kǎode　　　　　　．

B：那　太　好　了。只要 _____ 就　能　成功。（するべきこと）
　　Nà tài hǎo le. Zhǐyào　　　　　　　　　　 jiù néng chénggōng.

A：_____ 帮　我　复习。
　　　　　　 bāng wǒ fùxí.

B：那　你　应该　请 _____，向 _____ 表示　感谢　吧。
　　Nà nǐ yīnggāi qǐng　　　　　　　　, xiàng　　　　　　biǎoshì gǎnxiè ba.
　　　　　　　　　　　　　　　　　　　　　　　　　　　　（招待やおごる内容，誰に）

　新出語句　复习 fùxí 動 復習する

4 次の中国語の文の（　）に適語を入れて，日本語に訳しましょう。

1. 我姐姐写汉字写（　）很好。　日本語 _____
　　［ 的　了　得　着 ］

2. 这个字（　）李老师都不会写。
　　［ 跟　和　对　连 ］　日本語 _____

5 次の日本語の意味になるように，中国語の文の［ ］の語を入れ替えましょう。

1. 明日雨が降りさえしなければ，行きます。
   ［ 下雨　明天　不　只要 ］，我们就去。
   _____ _____ _____ _____ ，我们就去。

2. あなたは夏休みにどこかに遊びに行きますか。
   你暑假［ 吗　哪儿　去　玩儿 ］？
   你暑假 _____ _____ _____ _____ ？

6 次の日本語をもとに，隣の人に日本語でインタビューして下線部を補い，中国語に翻訳して，紹介してみましょう。

_____ の試験がようやく終わって，_____ さんは本当に嬉しいです。
(科目・種類，名前)

［彼・彼女］は _____ だと思っています。(出来の評価)

_____ さんが［彼・彼女］が復習を手伝ってくれました。

［彼・彼女］は _____ して，感謝の気持ちを表すつもりです。(お礼の方法)

Step. 1 _____ 考试终于考完了，_____ 真是太高兴了。

Step. 2 （他・她）觉得 _____ 。

Step. 3 _____ 帮（他・她）复习。

Step. 4 （他・她）打算 _____ 向 _____ 表示感谢。

7 問6で学習した紹介文を参考に，中国語で自分についても紹介してみましょう。

Step. 1 _____ 考试终于考完了，我真是太高兴了。

Step. 2 我觉得 _____ 。

Step. 3 _____ 帮我复习。

Step. 4 我打算 _____ 向 _____ 表示感谢。

第7課 Drill ドリル

学籍番号 _____ 名前 _____

1 次の語句の音声を聞いて，発音しましょう。　DL 73　CD 73

① 汉语进修班：中国語セミナー
　Hànyǔ jìnxiūbān
② 英语进修班：英語セミナー
　Yīngyǔ jìnxiūbān
③ 实地考察：フィールドワーク
　shídì kǎochá
④ 公务员辅导班：公務員試験講座
　gōngwùyuán fǔdǎobān
⑤ 托业辅导班：TOEIC 対策講座
　Tuōyè fǔdǎobān
⑥ 秘书资格辅导班：秘書資格講座
　mìshū zīgé fǔdǎobān
⑦ 夏季校庆：夏祭り（夏の学園祭）
　xiàjì xiàoqìng
⑧ 夏季学校活动：夏季サマースクール
　xiàjì xuéxiào huódòng
⑨ 社团的集训：クラブの合宿
　shètuán de jíxùn
⑩ 海外义工旅行：海外ボランティア旅行
　hǎiwài yìgōng lǚxíng

2 音声を聞き取って，流れてきた順に番号をふりましょう。　DL 74　CD 74

(　) 中国語セミナー　　　　　(　) 秘書資格講座
(　) 英語セミナー　　　　　　(　) 夏祭り（夏の学園祭）
(　) フィールドワーク　　　　(　) 夏季サマースクール
(　) 公務員試験講座　　　　　(　) クラブの合宿
(　) TOEIC 対策講座　　　　　(　) 海外ボランティア旅行

3 問 **1**，**2** で学習した語句を使って会話文を完成させましょう。

A: 我　的　暑假　过得 _____ 。（程度・状態）
　 Wǒ　de　shǔjià　guòde

B: 你　在　暑假里　做　什么　了？
　 Nǐ　zài　shǔjiàli　zuò　shénme　le?

A: 我　和 _____ 参加了　学校　的 _____ 。（誰と，イベント）
　 Wǒ　hé　　　　　　　cānjiāle　xuéxiào　de

B: 费用　是　多少？
　 Fèiyòng　shì　duōshao?

A: _____ 万　日元。（金額）
　　　　　　　　wàn　Rìyuán.

　 因为　价格　便宜，所以　参加　的　学生　也 _____ 。（程度）
　 Yīnwèi　jiàgé　piányi, suǒyǐ　cānjiā　de　xuésheng　yě

B: 那　你　认识了　很　多　新　朋友　吧。
　 Nà　nǐ　rènshile　hěn　duō　xīn　péngyou　ba.

4 次の中国語の文の（　）に適語を入れて，日本語に訳しましょう。

1. 请问，这种鱼（　　）吃。　日本語 _____
　［　什么　怎么　哪儿　多少　］

2. 这几年天气很热，像热带（　　）。日本語 _____
　［　一起　一样　一块儿　一点儿　］

新出語句　热带 rèdài ［名］熱帯

71

5 次の日本語の意味になるように，中国語の文の [ ] の語を入れ替えましょう。

1. 昨日の夜，大雨が降りました。

   昨天 [下　大雨　了　一场]。

   昨天 _____ _____ _____ _____ 。

2. あの事は私にとって本当に忘れ難い。

   那件事 [难以忘怀　我　让　真的]。

   那件事 _____ _____ _____ _____ 。

6 次の日本語をもとに，隣の人に日本語でインタビューして下線部を補い，中国語に翻訳して，紹介してみましょう。

_____ さんの夏休みは _____ でした。（名前，様子）

［彼・彼女］は，_____ だけではなく，（活動1）

さらに _____ 。（活動2）

特に _____ の経験を［彼・彼女］は忘れられません。（いずれかの活動）

来年の夏休みに，［彼・彼女］は _____ したいと思っています。（やってみたい活動）

Step. 1 _____ 的暑假过得_____ 。

Step. 2 （他・她）不但 _____ ，

　　　　而且还 _____ 。

Step. 3 特别是 _____ 的经历让（他・她）难以忘怀。

Step. 4 明年的暑假，（他・她）想 _____ 。

7 問 6 で学習した紹介文を参考に，中国語で自分についても紹介してみましょう。

Step. 1 我的暑假过得_____ 。

Step. 2 我不但 _____ ，

　　　　而且还 _____ 。

Step. 3 特别是 _____ 的经历让我难以忘怀。

Step. 4 明年的暑假，我想 _____ 。

第8課 Drill ドリル

学籍番号 ＿＿＿＿＿＿＿＿　名前 ＿＿＿＿＿＿＿＿＿＿＿＿＿＿＿＿

1 次の語句の音声を聞いて、発音しましょう。　　　DL 75　CD 75

① 航空公司：hángkōng gōngsī　航空会社
② 广告公司：guǎnggào gōngsī　広告会社
③ 传媒公司：chuánméi gōngsī　メディア会社
④ 宾馆：bīnguǎn　ホテル
⑤ 百货商城：bǎihuò shāngchéng　デパート
⑥ 小组讨论：xiǎozǔ tǎolùn　グループディスカッション
⑦ 行政助理：xíngzhèng zhùlǐ　マネジメント補助
⑧ 小册子的制作：xiǎocèzi de zhìzuò　パンフレット作成
⑨ 文稿工作：wéngǎo gōngzuò　文書業務
⑩ 柜台服务：guìtái fúwù　カウンター業務

2 音声を聞き取って、流れてきた順に番号をふりましょう。　DL 76　CD 76

（　）航空会社　　　　　　　　（　）グループディスカッション
（　）広告会社　　　　　　　　（　）マネジメント補助
（　）メディア会社　　　　　　（　）パンフレット作成
（　）ホテル　　　　　　　　　（　）文書業務
（　）デパート　　　　　　　　（　）カウンター業務

3 問 **1**、**2** で学習した語句を使って会話文を完成させましょう。

A: ＿＿＿＿＿＿ 我 参加了 ＿＿＿＿＿＿＿ 的 一天实习。（いつ、どこの）
　　　　　　wǒ cānjiāle　　　　　　　　de yìtiānshíxí.

B: 一天实习 的 主要 活动 是 什么？
　 Yìtiānshíxí de zhǔyào huódòng shì shénme?

A: 主要 活动 是 ＿＿＿＿＿＿＿＿＿。（具体的な内容）
　 Zhǔyào huódòng shì

　 我 在 那里 认识了 一 个 朋友。
　 Wǒ zài nàli rènshile yí ge péngyou.

B: 他／她 是 哪个 大学 的？
　 Tā shì nǎge dàxué de?

A: 他／她 是 ＿＿＿＿＿＿＿＿ 的。（所属大学名）
　 Tā shì　　　　　　　　　de.

　 他／她 已经 确定了 将来 的 工作 方向 了。
　 Tā yǐjīng quèdìngle jiānglái de gōngzuò fāngxiàng le.

B: 那 你 经常 跟 他／她 联系，向 他／她 学习 吧。
　 Nà nǐ jīngcháng gēn tā liánxì, xiàng tā xuéxí ba.

新出語句　确定 quèdìng［動］はっきり決める、確定する，方向 fāngxiàng［名］方向，目指す方向

4 次の中国語の文の（　）に適語を入れて、日本語に訳しましょう。

1. 她（　）法语以外，还会说德语。　日本語 ＿＿＿＿＿＿＿＿＿＿＿＿＿＿
　［ 不论　连　除了　不但 ］

2. 我要（　）学姐学习。　日本語 ＿＿＿＿＿＿＿＿＿＿＿＿＿＿＿＿＿
　［ 向　往　从　在 ］

73

5 次の日本語の意味になるように，中国語の文の［ ］の語を入れ替えましょう。

1. 夜は雨は降らないはずです。

   晚上［ 的 会 下雨 不 ］。 晚上 _____ _____ _____ _____ 。

2. うちの母は買物上手です。

   我妈妈［ 会 很 东西 买 ］。

   我妈妈 _____ _____ _____ _____ 。

6 次の日本語をもとに，隣の人に日本語でインタビューして下線部を補い，中国語に翻訳して，紹介してみましょう。

_____ さんは _____ の1dayインターンシップに参加しました。

1dayインターンシップには _____ の活動もありました。（内容）

そこで［彼・彼女］は _____ という学生と知り合いました。（名前）

その学生は _____ できるので，［彼・彼女］はとても尊敬しています。（できる内容）

この活動に参加して，［彼・彼女］は _____ と思います。（感想・抱負など）

Step. 1　_____ 参加了 _____ 的一天实习。

Step. 2　一天实习里有一个活动是 _____ 。

Step. 3　在那里（他・她）认识了一个学生叫 _____ 。

Step. 4　这个学生很会 _____ ，（他・她）很佩服这个学生。

Step. 5　参加这个活动，（他・她）想 _____ 。

7 問 **6** で学習した紹介文を参考に，中国語で自分についても紹介してみましょう。

Step. 1　我参加了 _____ 的一天实习。

Step. 2　一天实习里有一个活动是 _____ 。

Step. 3　在那里我认识了一个学生叫 _____ 。

Step. 4　这个学生很会 _____ ，我很佩服这个学生。

Step. 5　参加这个活动，我想 _____ 。

第9課 Drill ドリル

学籍番号 _____ 名前 _____

1 次の語句の音声を聞いて，発音しましょう。　🎧 DL 77　💿 CD 77

① 课堂讨论：kètáng tǎolùn　ゼミナール
② 课题研究：kètí yánjiū　テーマ研究
③ 国际贸易：guójì màoyì　国際貿易
④ 全球营销：グローバルマーケティング
　quánqiú yíngxiāo
⑤ 国际经济学：guójì jīngjìxué　国際経済学

⑥ 语言文化论：yǔyán wénhuàlùn　言語文化論
⑦ 观光文化论：guānguāng wénhuàlùn　観光文化論
⑧ 国际投资法：guójì tóuzīfǎ　国際投資法
⑨ 跨文化交际学：異文化コミュニケーション学
　kuà wénhuà jiāojìxué
⑩ 社会调查报告：社会調査レポート
　shèhuì diàochá bàogào

2 音声を聞き取って，流れてきた順に番号をふりましょう。　🎧 DL 78　💿 CD 78

（　）ゼミナール　　　　　　　　　　（　）言語文化論
（　）テーマ研究　　　　　　　　　　（　）観光文化論
（　）国際貿易　　　　　　　　　　　（　）国際投資法
（　）グローバルマーケティング　　　（　）異文化コミュニケーション学
（　）国際経済学　　　　　　　　　　（　）社会調査レポート

3 問 **1**，**2** で学習した語句を使って会話文を完成させましょう。

A：你　最近　忙　吗？
　　Nǐ　zuìjìn　máng　ma?

B：我 _____ 要 做 _____ 课 的 PPT 报告。（いつ，科目名）
　　Wǒ　　　　　　yào zuò　　　　　　kè de PPT bàogào.
　　正在　准备　呢。你　也　做　PPT　报告　吗？
　　Zhèngzài zhǔnbèi ne. Nǐ yě zuò PPT bàogào ma?

A：当然　啦。我　有 _____ 课 的 报告。我 的 题目 是 _____。
　　Dāngrán la. Wǒ yǒu　　　　　　kè de bàogào. Wǒ de tímù shì　　　　　　．
　　　　　　　　　　　　　　　　　　　　　　　（科目名，発表テーマ（日本語で可））

B：你　在　哪儿　做　PPT？
　　Nǐ　zài　nǎr　zuò　PPT?

A：我　在 _____ 做。我　经常　向　那里　的 _____ 请教。
　　Wǒ zài　　　　　　zuò. Wǒ jīngcháng xiàng nàli de　　　　　　qǐngjiào.
　　　　　　　　　　　　　　　　　　　　　　（場所，どんなスタッフか）

B：那　我 _____ 去　看看。（いつ）
　　Nà　wǒ　　　　　　qù　kànkan.

4 次の中国語の文の（　）に適語を入れて，日本語に訳しましょう。

1. 我以前没看（　　）中国电影。　　日本語 _____
　　［　着　过　了　呢　］

2. 这种茶比那种茶贵（　　）。　　日本語 _____
　　［　有点儿　一下　一会儿　一点儿　］

5 次の日本語の意味になるように，中国語の文の [ ] の語を入れ替えましょう。

1. 前もって彼に予防接種してやったほうがいい。

   你 [提前　他　最好　给] 打预防针。

   你 _____ _____ _____ _____ 打预防针。

2. 木曜は授業が2コマに変更になりました。

   星期四 [两节课　成　了　改]。

   星期四 _____ _____ _____ _____ 。

   新出語句　提前 tíqián [動] くり上げる，预防针 yùfángzhēn [名] 予防接種

6 次の日本語をもとに，隣の人に日本語でインタビューして下線部を補い，中国語に翻訳して，紹介してみましょう。

_____ さんは来週テーマ研究の発表をしなければなりません。

[彼・彼女] はこれまで発表をしたことがなく，少し不安でした。

[彼・彼女] は _____ に行って，そこの先生に教えてもらいました。（場所）

先生のアドバイスに基づいて，[彼・彼女] は _____ をしました。（作業の内容）

[彼・彼女] は元のよりすこし _____ になったと思いました。

（作業の結果について・元のものと比較した評価）

Step. 1　_____ 下星期要做课题研究的报告。

　　　　　（他・她）以前没有做过报告，心里有点儿担心。

Step. 2　（他・她）去了 _____ ，向那里的老师请教。

Step. 3　按照老师的建议，（他・她）做了 _____ 。

Step. 4　（他・她）觉得比原来 _____ 。（"一点儿"を使って「少し」を表現）

7 問 **6** で学習した紹介文を参考に，中国語で自分についても紹介してみましょう。

Step. 1　我下星期要做 _____ 。

　　　　　我以前没有 _____ ，心里有点儿担心。

Step. 2　我去了 _____ ，向那里的老师请教。

Step. 3　按照老师的建议，我做了 _____ 。

Step. 4　我觉得比原来 _____ 。

第10課 Drill ドリル

学籍番号　　　　　　　名前

1 次の語句の音声を聞いて，発音しましょう。　　　　　　　DL 79 / CD 79

① 做饭：zuò fàn ごはんを作る
② 做甜点：zuò tiándiǎn デザートを作る
③ 做蛋糕：zuò dàngāo ケーキを作る
④ 做三明治：zuò sānmíngzhì サンドイッチを作る
⑤ 包饺子：bāo jiǎozi ギョーザを作る
⑥ 烤章鱼烧：kǎo zhāngyúshāo たこ焼きを焼く
⑦ 玩儿游戏：wánr yóuxì ゲームをする
⑧ 打扑克：dǎ pūkè トランプをする
⑨ 聊天儿：liáotiānr おしゃべりをする
⑩ 看DVD：kàn dìwēidì DVDをみる

2 音声を聞き取って，流れてきた順に番号をふりましょう。　DL 80 / CD 80

（　）ごはんを作る　　　　　　（　）たこ焼きを焼く
（　）デザートを作る　　　　　（　）ゲームをする
（　）ケーキを作る　　　　　　（　）トランプをする
（　）サンドイッチを作る　　　（　）おしゃべりをする
（　）ギョーザを作る　　　　　（　）DVDをみる

3 問 **1** , **2** で学習した語句を使って会話文を完成させましょう。

A：上　星期五　是　圣诞节，你　是　跟　谁　一起　过　的？
　　Shàng xīngqīwǔ shì Shèngdànjié, nǐ shì gēn shéi yìqǐ guò de?

B：我　是　跟　_____ 的　朋友们　过　的。(所属するクラブなど)
　　Wǒ shì gēn　　　　　　　de péngyoumen guò de.

A：你们　是　怎么　过　的？
　　Nǐmen shì zěnme guò de?

B：我们　先　去 _____ 家　一起 _____ 。
　　Wǒmen xiān qù　　　　　　jiā yìqǐ
　　　　　　　　　　　　　　　　　　　　　　　　　(名前，最初にしたこと)

A：然后　呢？
　　Ránhòu ne?

B：然后 _____ , 最后 _____ 。
　　Ránhòu　　　　　　　, zuìhòu
　　　　　　　　　　　　　　　　　　　　　　　　(次にしたこと，最後にしたことと)

4 次の中国語の文の（　）に適語を入れて，日本語に訳しましょう。

1. 你先洗澡，然后（　　）吃饭。　日本語 _____
　　[才　再　就　还]

2. 乘坐电梯时，请您抓（　　）扶手。日本語 _____
　　[完成　到　好]

新出語句　洗澡 xǐ zǎo [動] 身体を洗う　乘坐 chéngzuò [動] 乗る
电梯 diàntī [名] エレベーター

5 次の日本語の意味になるように，中国語の文の [ ] の語を入れ替えましょう。

1. このアイデアは聞いたところ良いから，試してみなさい。

   这个主意 [听　错　不　起来]，你可以试试。

   这个主意 _____ _____ _____ _____ ，你可以试试。

2. 彼女は今回は留学に行ったのです。

   她这次 [的　去　是　留学]。

   她这次 _____ _____ _____ _____ 。

6 次の日本語をもとに，隣の人に日本語でインタビューして下線部を補い，中国語に翻訳して，紹介してみましょう。

_____ がもうすぐやって来ます。（イベントや祝祭日）

[彼・彼女] は去年の _____ は _____ と過ごしましたが，

(イベントや祝祭日，誰と)

今年は _____ と過ごすつもりです。（誰と）

先ず _____ して，それから _____ するつもりです。

(最初にすること，次にすること)

でも，_____ についてまだ考えがまとまっていません。

(その他上記の活動に関連すること)

Step. 1 _____ 快到了。

Step. 2 （他・她）去年的 _____ 是跟 _____ 过的。

Step. 3 （他・她）今年打算跟 _____ 过的。

Step. 4 _____ 那天先 _____ ，然后再 _____ 。

Step. 5 但是，（他・她）还没想好 _____ 。

7 問6で学習した紹介文を参考に，中国語で自分についても紹介してみましょう。

Step. 1 _____ 快到了。

Step. 2 我去年的 _____ 是跟 _____ 过的。

Step. 3 我今年打算跟 _____ 过的。

Step. 4 _____ 那天先 _____ ，然后再 _____ 。

Step. 5 但是，我还没想好 _____ 。

第11課 Drill ドリル

学籍番号 _____ 名前 _____

1 次の語句の音声を聞いて，発音しましょう。 DL 81 / CD 81

① 圣诞节：クリスマス
　Shèngdànjié
② 德国：Déguó ドイツ
③ 圣诞市场：クリスマスマーケット
　Shèngdàn shìchǎng
④ 史多伦*：シュトーレン
　shǐduōlún
⑤ 美国：Měiguó アメリカ
⑥ 纽约的节日橱窗：ニューヨークのウインドーショー
　Niǔyuē de jiérì chúchuāng
⑦ 烤火鸡：kǎohuǒjī ローストターキー
⑧ 英国：Yīngguó イギリス
⑨ 伦敦的商业区：ロンドンのショッピング街
　Lúndūn de shāngyèqū
⑩ 圣诞布丁：Shèngdàn bùdīng クリスマスプディング

＊ "史多伦" は "德式圣诞面包 Déshì Shèngdàn miànbāo" とも言う。

2 音声を聞き取って，流れてきた順に番号をふりましょう。 DL 82 / CD 82

（　）クリスマス　　　　　　（　）ニューヨークのウインドーショー
（　）ドイツ　　　　　　　　（　）ローストターキー
（　）クリスマスマーケット　（　）イギリス
（　）シュトーレン　　　　　（　）ロンドンのショッピング街
（　）アメリカ　　　　　　　（　）クリスマスプディング

3 問 **1**, **2** で学習した語句を使って会話文を完成させましょう。

A: ＿＿＿＿＿＿ 快 到 了。（行事・イベント）
　　　　　　　kuài dào le.

B: ＿＿＿＿＿＿＿＿＿＿ 的 习俗 跟 日本 不 一样。（国・地域，行事・イベント）
　　　　　　　　　　　de xísú gēn Rìběn bù yíyàng.

A: 你 去过 ＿＿＿＿＿＿ 吗？（国・地域）
　Nǐ qùguo　　　　　　ma?

B: 去过。我 在 ＿＿＿＿＿ 的 时候 逛过 ＿＿＿＿＿。（国・地域，場所・イベント）
　Qùguo. Wǒ zài　　　 de shíhou guàngguo

A: ＿＿＿＿＿ 很 热闹 吧？在 ＿＿＿＿＿ 过 ＿＿＿＿＿ 的 时候 吃 什么？
　　　　　 hěn rènao ba? Zài　　　 guò　　　　de shíhou chī shénme?
　　　　　　　　　　　　　　　　　　（場所・イベント，国・地域，行事・イベント）

B: 吃 ＿＿＿＿＿，味道 很 好吃。（食べ物）
　Chī　　　　，wèidao hěn hǎochī.

4 次の中国語の文の（ ）に適語を入れて，日本語に訳しましょう。

1. 她今天的发言精彩（　　）。　日本語 ＿＿＿＿＿＿＿＿＿＿＿＿
　　［ 好了　极了　可以了　多了 ］

2. 坐 JR 去比坐阪神去快（　　）。　日本語 ＿＿＿＿＿＿＿＿＿＿＿＿
　　［ 好了　极了　可以了　多了 ］

新出語句　发言 fāyán [名] 発言，阪神 Bǎnshén [形] 阪神（電車）

5 次の日本語の意味になるように，中国語の文の［ ］の語を入れ替えましょう。

1. 3時に来るって言ったんじゃなかったですか。

    你 ［ 说　来　三点　不是 ］ 吗？

    你 _____ _____ _____ _____ 吗？

2. 私はアメリカに留学するつもりです。

    我 ［ 打算　留学　美国　去 ］。

    我 _____ _____ _____ _____ 。

6 次の日本語をもとに，隣の人に日本語でインタビューして下線部を補い，中国語に翻訳して，紹介してみましょう。

_____ の _____ の習俗は日本と随分違います。(国・地域，行事・イベント)

_____ 人が _____ を過ごす時には，沢山の風俗・習慣があります。(同上)

［彼・彼女］は _____ に _____ へ行って，(いつ，国・地域)

_____ を感じてみるつもりです。(行事・イベント)

_____ はとても意味のあることではないでしょうか。(行動内容)

Step. 1 _____ _____ 的习俗跟日本很不一样。

Step. 2 _____ 人过 _____ 的时候，有很多风俗习惯。

Step. 3 （他・她）打算 _____ 去 _____ 。

Step. 4 感受一下 _____ 。

Step. 5 _____ 不是很有意义吗？

7 問**6**で学習した紹介文を参考に，中国語で自分についても紹介してみましょう。

Step. 1 _____ _____ 的习俗跟日本很不一样。

Step. 2 _____ 人过 _____ 的时候，有很多风俗习惯。

Step. 3 我打算 _____ 去 _____ 。

Step. 4 感受一下 _____ 。

Step. 5 _____ 不是很有意义吗？

第12課 Drill ドリル

学籍番号 _____ 名前 _____

1 次の語句の音声を聞いて，発音しましょう。　　DL 83　CD 83

① 当老师：dāng lǎoshī 先生になる
② 去海外留学：海外に留学する
　　qù hǎiwài liúxué
③ 当大学职员：大学職員になる
　　dāng dàxué zhíyuán
④ 考公务员：kǎo gōngwùyuán 公務員を受験する
⑤ 读研究生：dú yánjiūshēng 大学院で勉強する
⑥ 当演员：dāng yǎnyuán 俳優になる
⑦ 就业指导中心：就職支援センター
　　jiùyè zhǐdǎo zhōngxīn
⑧ 学院的老师：学部の先生
　　xuéyuàn de lǎoshī
⑨ 教务科：jiàowùkē 教務課
⑩ 你的导师：nǐ de dǎoshī あなたの指導教員

2 音声を聞き取って，流れてきた順に番号をふりましょう。　　DL 84　CD 84

（　）先生になる　　　　　　（　）俳優になる
（　）海外に留学する　　　　（　）就職支援センター
（　）大学職員になる　　　　（　）学部の先生
（　）公務員を受験する　　　（　）教務課
（　）大学院で勉強する　　　（　）あなたの指導教員

3 問 **1**，**2** で学習した語句を使って会話文を完成させましょう。

A: 我　在　因为　工作　的　事儿　发愁。
　　Wǒ　zài　yīnwèi　gōngzuò　de　shìr　fā chóu.

B: 为什么？
　　Wèishénme?

A: 我 原来 想 在 ＿＿＿＿＿＿ 工作，但 现在 对 ＿＿＿＿＿＿ 也 很 感 兴趣。
　　Wǒ yuánlái xiǎng zài　　　　　gōngzuò, dàn xiànzài duì　　　　　yě hěn gǎn xìngqù.
　　　　　　　　　　　　　　　　　　　　　　　　　　（会社など，別の職種・仕事）

B: 如果 你 确定不下来 的话，找 ＿＿＿＿＿＿ 商量 一下 吧。（誰か）
　　Rúguǒ nǐ quèdìngbuxiàlai dehuà, zhǎo　　　　　shāngliang yíxià ba.

A: 他 在 哪儿？ 我 想 去 听听 他 的 意见。
　　Tā zài nǎr? Wǒ xiǎng qù tīngting tā de yìjiàn.

B: 他 在 ＿＿＿＿＿＿。他 肯定 会 帮助 你 的。（場所）
　　Tā zài　　　　　. Tā kěndìng huì bāngzhù nǐ de.

4 次の中国語の文の（　）に適語を入れて，日本語に訳しましょう。

1. 我后天去学校（　　）张老师。　日本語 _____
　　［ 看　说　找　听 ］

2. 我已经吃饱了，吃不（　　）了。日本語 _____
　　［ 下去　上去　起来　过来 ］

81

5 次の日本語の意味になるように，中国語の文の [ ] の語を入れ替えましょう。

1. はやく腰掛けてひと休みしなさい。

   你快 [休息 下来 一下 坐] 吧。

   你快 _____ _____ _____ _____ 吧。

2. この言語は学習しづらい。

   这种语言 [学 不 很 好]。

   这种语言 _____ _____ _____ _____ 。

6 次の日本語をもとに，隣の人に日本語でインタビューして下線部を補い，中国語に翻訳して，紹介してみましょう。

_____ さんはもうすぐ就職活動を始めます。

[彼・彼女] は最近 _____ のことでずっと悩んでいます。（原因）

[彼・彼女] は _____ が専門なので，_____ がしたかった。
(専攻，やりたいこと)

でも [彼・彼女] は最近 _____ にも興味があります。（新たに興味を持った仕事）

_____ にしようか，それとも _____ にしようか，（仕事の候補を2つ）

[彼・彼女] にとっては，本当に決め難いのです。

Step. 1 _____ 就要开始找工作了。

Step. 2 （他・她）最近一直为 _____ 发愁。

Step. 3 （他・她）的专业是 _____ ，原来很喜欢 _____ 。

Step. 4 但是，（他・她）现在对 _____ 也很感兴趣。

Step. 5 _____ 还是 _____ ，对（他・她）来说，真的是不好决定。

7 問6 で学習した紹介文を参考に，中国語で自分についても紹介してみましょう。

Step. 1 _____ 就要开始找工作了。

Step. 2 我最近一直为 _____ 发愁。

Step. 3 我的专业是 _____ ，原来很喜欢 _____ 。

Step. 4 但是，我现在对 _____ 也很感兴趣。

Step. 5 _____ 还是 _____ ，对我来说，真的是不好决定。

著　者
奥村佳代子
塩山　正純
張　軼欧

表紙デザイン
(株)欧友社

イラスト
川野　郁代

準中級中国語　講読編
～自分のことばで表現する中国語　準中級編～

| 2019 年 1 月 9 日 | 初版発行 |
| 2022 年 3 月 20 日 | 第 5 刷発行 |

著　者　©奥村佳代子
　　　　　塩山　正純
　　　　　張　軼欧
発行者　福岡正人
発行所　株式会社　金星堂

〒101-0051　東京都千代田区神田神保町 3-21
Tel. 03-3263-3828　Fax. 03-3263-0716
E-mail：text@kinsei-do.co.jp
URL：http://www.kinsei-do.co.jp

編集担当　川井義大　　　　　　　　　　2-00-0712
組版／株式会社欧友社　印刷・製本／興亜産業
本書の無断複製・複写は著作権法上での例外を除き禁じられています。本書を代行業者等の第三者に依頼してスキャンやデジタル化することは、たとえ個人や家庭内の利用であっても認められておりません。
乱丁・落丁本はお取り替えいたします。
KINSEIDO, 2019, Printed in Japan
ISBN978-4-7647-0712-2 C1087